广州市宣传文化人才培养专项经费资助

广州日报编辑中心

创新年鉴

2021

主　编　赵东方　余　靖
副主编　汤新颖　何　超　王晨阳

中山大學出版社
SUN YAT-SEN UNIVERSITY PRESS
·广州·

图书在版编目（CIP）数据

2021广州日报编辑中心创新年鉴 / 赵东方，余靖主编；汤新颖，何超，王晨阳副主编 .—广州：中山大学出版社，2023.11
ISBN 978-7-306-07920-6

Ⅰ . ① 2…　Ⅱ . ①赵…②余…③汤…④何…⑤王…　Ⅲ . ①报纸—新闻工作—广州—2021—年鉴　Ⅳ . ① G219.276.51-54

中国国家版本馆 CIP 数据核字（2023）第 191242 号

2021 GUANGZHOU RIBAO BIANJI ZHONGXIN CHUANGXIN NIANJIAN

出 版 人：王天琪
策划编辑：王廷红
责任编辑：陈　芳
封面设计：曾　婷　万新晨
责任校对：邓诗漫
版式设计：万新晨
责任技编：靳晓红
出版发行：中山大学出版社
电　　话：编辑部 020-84110283，84113349，84111997，84110779，84110776
　　　　　发行部 020-84111998，84111981，84111160
地　　址：广州市新港西路 135 号
邮　　编：510275　　　　传　真：020-84036565
网　　址：http：//www.zsup.com.cn　E-mail：zdcbs@mail.sysu.edu.cn
印 刷 者：广州市友盛彩印有限公司
规　　格：787mm × 1092mm　1/16　13.25 印张　339 千字
版次印次：2023 年 11 月第 1 版　　2023 年 11 月第 1 次印刷
定　　价：198.00 元

前言

2021年以来，广州日报全媒体编辑中心努力坚持做到“加强研究、加强策划、加强统筹”，不断优化提升党媒核心功能，提升主流舆论传播力。围绕庆祝建党100周年、党史学习教育、“十四五”等重大主题和重要中心工作，立足提高站位、服务大局，策划推出一系列精品力作。

全媒体编辑中心拟编辑出版《2021广州日报编辑中心创新年鉴》一书，对2021年的优秀作品进行辑录，一为展示，二为梳理，三为总结经验学习提高，四为日后留存宝贵资料。该书聚焦全媒体编辑中心（包括中心本部、报纸编辑部、数字编辑部、美术设计部）一年来制作精良、具有启发性、有创新意味的优秀策划、报道、活动、设计，形式涵盖专题、版面、长图、海报、H5、视频、爆款网稿等。

全书收集近百案例，以文图并重的方式进行编辑，即一文一图或一文多图，并配发新媒体链接所生成的二维码，回顾广州日报融媒体建设的新经验、新举措，展示报业媒体融合项目的新应用、新成果。

目录

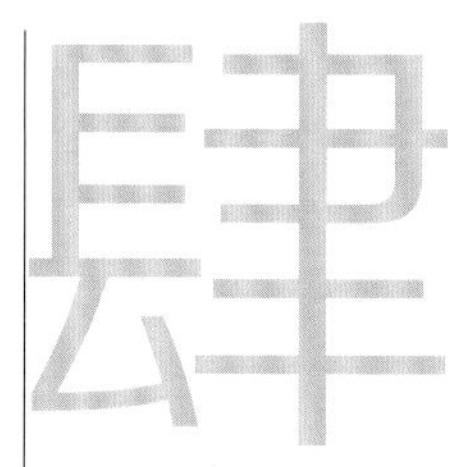

伍

陆

捌

拾

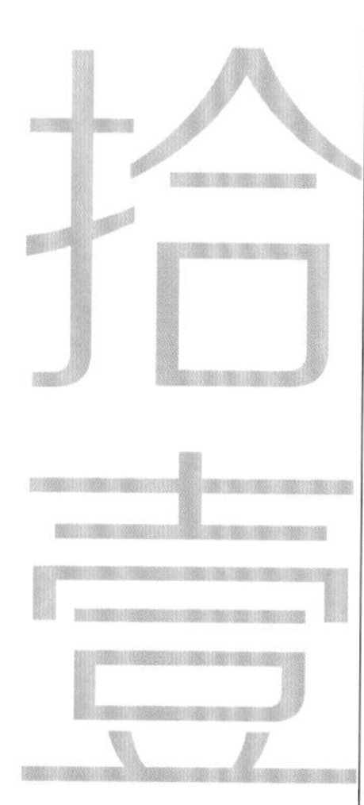

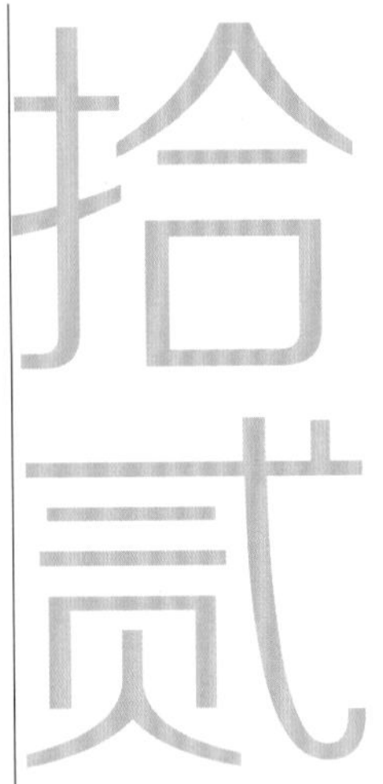

壹

1月

刊发时间
2021 年
1 月 1 日起

“跟着总书记学党史”全媒体大型报道和传播活动启动

一根红线牵起百年党史

作品呈现形式：

报纸版面、视频、海报、线上互动、线下活动等全媒体形态

作品简介：

百年征程波澜壮阔，百年初心历久弥坚。做好庆祝中国共产党成立 100 周年重大主题宣传，是提升党媒核心功能、做好主流舆论引导的重要任务。2021 年 2 月 20 日，中央党史学习教育动员大会决定 2021 年在全党开展中共党史学习教育。而早在当年元旦，广州日报就正式推出了“跟着总书记学党史”主题报道，在全国主流媒体中筹划早、行动快，不仅扣准了“学党史”的总体部署主题，也打响了广州日报建党百年重大主题报道的头炮。

凡事预则立，不预则废。早在 2020 年 7 月，广州日报社就启动了庆祝建党百年报道策划工作。党的百年历程是一场宏大叙事，如何谋篇布局、如何切入呈现？经过多场头脑风暴，报社最终确定了紧紧抓住习近平总书记系列重要讲话、重要指示批示精神这根红线描摹伟大历程、解码伟大精神的策划思路。自 2020 年 9 月起，多路全媒体记者深入蹲点嘉兴南湖、井冈山、塞罕坝等地，对话黄大发、张富清等优秀党员，积累了大量一线素材。2021 年 1 月 1 日，“跟着总书记学党史”全媒体报道全面启动，从“总书记 @ 的共产党员”“总书记点赞的伟大精神”“总书记走过的红色史迹”“总书记讲述的中国故事”4 个维度布局谋篇，每个系列推出 10 篇蹲点报道。

跟着总书记学党史

1921—2021

第一系列 总书记◎的共产党员

黄大发

修不好渠，我拿命来换

历时30余年带领村民悬崖凿渠引水，黄大发被称为"当代愚公"

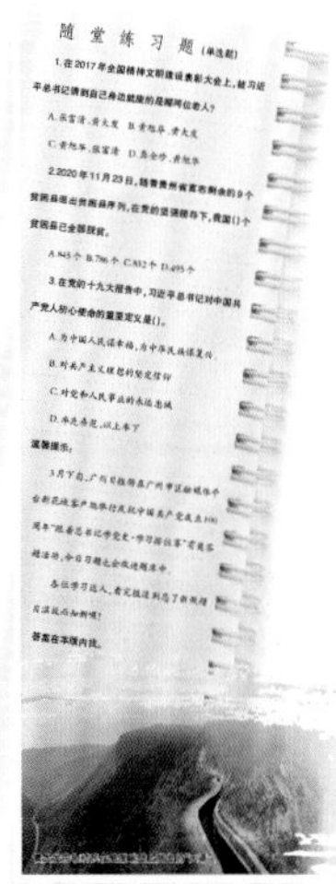

故·事·钩·沉

专·家·新·读

黄大发的精神内涵

跟着总书记学党史

1921—2021

第二系列 总书记点赞的伟大精神

·沂蒙精神·

党和人民水乳交融在这里体现

沂蒙军民用生死与共的实际行动谱写出伟大的沂蒙精神

故·事·钩·沉

专·家·新·读

沂蒙精神是中国共产党守初心践使命的实践产物

跟着总书记学党史

1921—2021

第三系列 总书记走过的红色足迹

·中共一大会址·

这里是中国共产党人的精神家园

上海兴业路76号一间18平方米的房子就是我们党梦想开始的地方

故·事·钩·沉

广·州·实·践

党员身份亮出来 党组织责任亮出来

专·家·新·读

一大会址是中国共产党文化基因、精神灵魂、历史记忆所在

奋斗百年路 启航新征程

跟着总书记学党史

1921—2021

第四系列 总书记讲述的中国故事

·"金扁担"的故事·

"金扁担"挑起幸福好日子

广州大力发展数字化、智能化、高端化农业 以科技创新带动乡村振兴

广·州·故·事

专·家·新·读

生产优质农产品是现代农业的最终目的

奋斗百年路 启航新征程

报道坚持以鲜活故事折射伟大历程，深入开展蹲点式采访报道，挖掘党史中闪亮的人和事。例如，1月1日推出第一系列“总书记@的共产党员”开篇报道《修不好渠，我拿命来换》，记者深入贵州省遵义市草王坝村进行蹲点采访，贴身挖掘“当代愚公”黄大发奋斗在山村脱贫攻坚一线的感人故事。除了报纸整版报道，还制作发布了这位老党员讲述心路历程、重温入党誓词的短视频和海报，在全媒体平台立体传播。开篇报道第一天总阅读量就超过100万，视频《当代愚公黄大发：一个人，一辈子，一条渠》登上学习强国总台。

光是报道扎实生动显然不够。为了强化学习辅导效果，我们还与中共广州市委党史研究室专家合作推出随堂练习题；为了给受众提供掌上学习阵地，我们在新花城客户端上线学习教育平台；为了增强学习效果，我们举办了“跟着总书记学党史”学习排位赛党史知识有奖答题活动，7天吸引超20万人答题……半年时间内，一系列融媒作品有序推出，“跟着总书记学党史”活动掀起了一场覆盖广州、辐射粤港澳大湾区的“红色旋风”，不仅被纳入广州市党史学习教育工作整体部署，还获得中共中央宣传部专题阅评表扬、国家新闻出版署2021年度“中国报业深度融合发展”创新案例、中央网信办2021年度中国正能量“五个一百”网络精品、中共广东省委网信办2021年度广东省“网络传播精品工程”、广东新闻奖二等奖等多项荣誉，并创下超过1.8亿的全网总阅读量，近20篇视频（稿件）被学习强国总台选用的纪录。（汤新颖）

总书记
@的共产党员
"90后"医生王奔
驰援武汉是我上的最好党课

总书记
走过的红色史迹
遵义会议
开启共产党独立自主
解决中国革命实际问题的
新阶段

总书记
点赞的伟大精神
抗疫精神

总书记
讲述的中国故事
把泪焦桐成雨
习近平总书记专门写过一首《念奴娇·追思焦裕禄》的词，"百姓谁不爱好官？把泪焦桐成雨"。

1月

刊发时间
2021年
1月1日

《民法典时代，到了！》

从书页里“跳出来”的《民法典》

作品呈现形式：

海报

作品简介：

2021年1月1日，新中国成立以来首部以“法典”命名的《中华人民共和国民法典》（以下简称《民法典》）正式施行，标志着中国的“民法典时代”到了！

这部“社会生活的百科全书”与我们的生活息息相关、密不可分。宠物犬致人受伤，主人要不要赔偿？被高空坠物砸伤，应向谁索赔？从呱呱坠地到百年归天，每个人的生老病死、衣食住行、经济活动等方面的纠纷，都能从里面找到答案。

广州日报在《民法典》正式施行当天，推出《民法典时代，到了！》系列创意海报，将《民法典》中的法律条文以“实景＋手绘”的独特视觉反差场景呈现，普及《民法典》。该组海报以翻开的书页为载体，精选了群众高度关注的各种热点话题，如广场舞噪声、高铁霸座、高空抛物、离婚冷静期等，以实景为背景、手绘人物进行演绎，将热点话题以生动的反差场景表现，结合简洁有力的“答案”标题，普及《民法典》，让严肃的条文“跃然纸上”，丰富又不失趣味。海报当天推出后即引发讨论，获得了良好的传播效果，微博阅读量超50万。（黄婉华）

广州日报 新花城

2021年1月1日起，

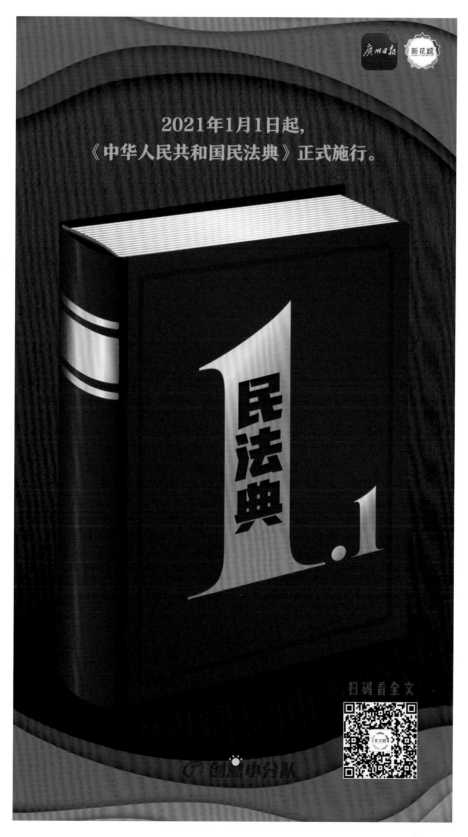

《中华人民共和国民法典》正式施行。

民法典

1.1

扫码看全文

创意小分队

离婚冷静期，
来了！
《中华人民共和国民法典》2021年1月1日起施行
详见第一千零七十七条

“霸座”行为，
罚！
《中华人民共和国民法典》2021年1月1日起施行
详见第八百一十五条

高空抛物，
治！
《中华人民共和国民法典》2021年1月1日起施行
详见第一千二百五十四条

《疫线366》《这拼了命的366天！》

致敬平凡英雄　凝聚抗疫力量

作品呈现形式：

报纸版面、短视频、海报、手绘长卷

作品简介：

2020年1月21日，广州首次报告“新冠”确诊病例。2021年，时值战“疫”一周年之际，广州日报推出《疫线366》全媒体特别报道，通过文字、影像、海报、手绘长卷等融媒体形态，多角度呈现一年中广州所取得的抗疫成效，深情讲述坚守一线岗位的抗疫者代表故事，颂扬伟大抗疫精神，为继续凝聚起共同守护美好家园的强大群众力量创造了良好的舆论氛围。

从钟南山院士获得“共和国勋章”的最高荣誉，到医疗救治、科研攻关、综合保障等各方面的优势力量，从党建引领，到社区防控筑牢基层防疫堡垒、发出战“疫”最强音，报道通过回顾盘点一年来广州疫情防控中的主要数据和积极举措，突出展现了广州力量、广州担当。此外，报道将视线投向8位广州一线抗疫者代表，以一张个人珍藏的照片和一段心里话为巧妙的切入点，生动讲述了战“疫”中他们最难忘的经历、最深刻的记忆，反映出一线工作者的巨大付出与勇敢担当。

同时，报道运用多种媒体形态，打造立体传播融媒精品。报纸版面以树木横截面的年轮作为主体元素，广州战“疫”数据排列其上，代表这一年的不平凡被镌刻在历史的年轮上。广州日报新媒体平台推出《这拼了命的366天！》短视频，展现广州“战‘疫’人”一年来的奋斗图鉴；《一图读懂广州战“疫”这一年》以长图海报形式呈现一年来的战“疫”数据；《明确了！这些事春节前要做到→》新媒体作品利用微信可伸缩矢量图（SVG）动画效果，结合图文、视频等作品形态，手绘呈现多个战“疫”画面和人物。系列作品在新媒体平台阅读量近百万。（张毓）

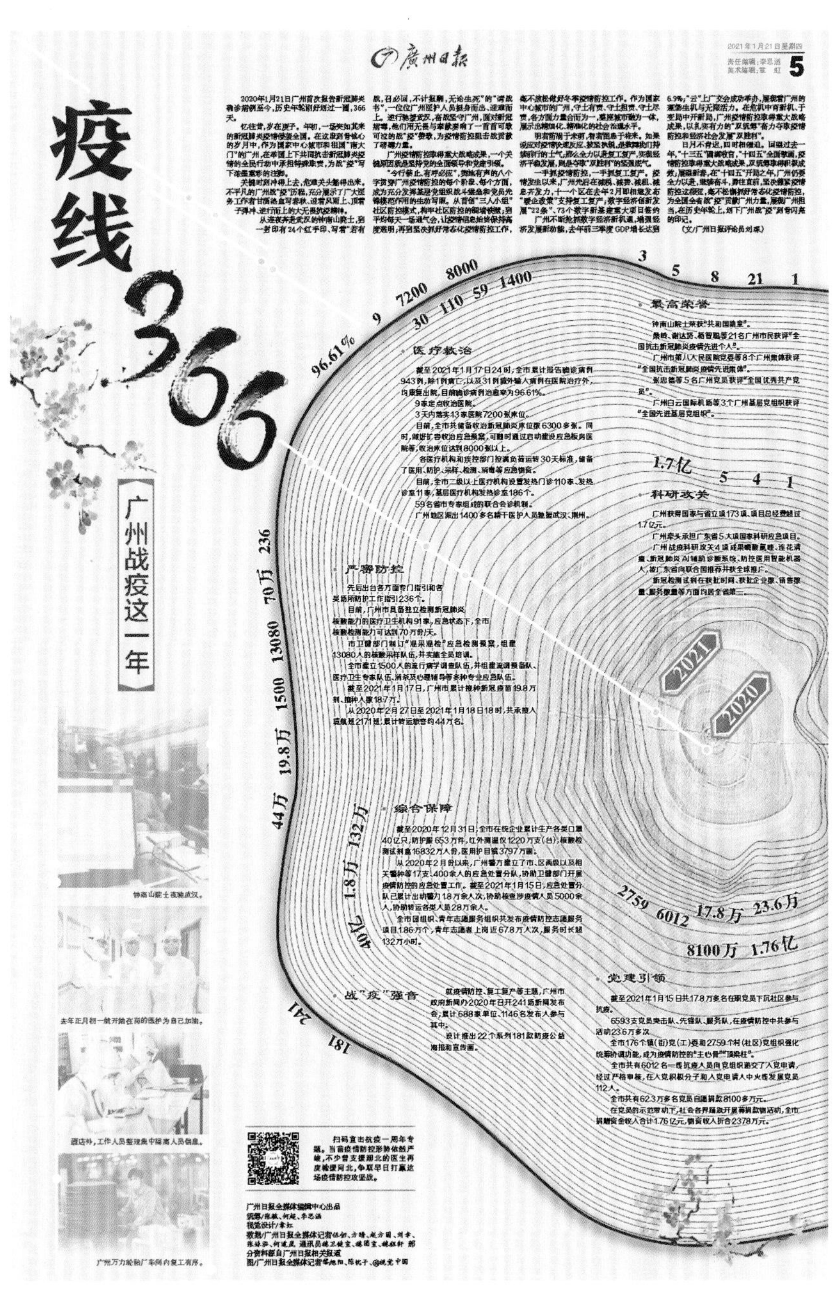

广州日报

2021年1月21日星期四

责任编辑：李思涵
美术编辑：莹　虹

5

疫线366

广州战疫这一年

2020年1月21日广州首次报告新冠肺炎确诊病例至今，历史年轮刚好划过一圈，366天。

忆往昔，岁在庚子。年初，一场突如其来的新冠肺炎疫情侵袭全国。在这段刻骨铭心的岁月中，作为国家中心城市和祖国"南大门"的广州，在举国上下共同抗击新冠肺炎疫情的全民行动中承担特殊职责，为战"疫"写下浓墨重彩的注脚。

关键时刻冲得上去，危难关头豁得出来。不平凡的广州战"疫"历程，充分展示了广大医务工作者甘洒热血写春秋、迎着风雨上、顶着子弹冲、逆行而上的大无畏抗疫精神。

从连夜奔赴武汉的钟南山院士，到一封印有24个红手印、写着"若有战，召必回，不计报酬，无论生死"的"请战书"，一位位广州医护人员挺身而出、迎难而上。逆行驰援武汉，奋战坚守广州，面对新冠病毒，他们用无畏与奉献奏响了一首首可歌可泣的战"疫"赞歌，为疫情防控阻击战贡献了硬核力量。

广州疫情防控取得重大战略成果，一个关键原因就是坚持党的全面领导和党建引领。

"令行禁止、有呼必应"，掷地有声的八个字贯穿广州疫情防控的每个阶段、每个方面，成为充分发挥基层党组织战斗堡垒和党员先锋模范作用的生动写照。从首创"三人小组"社区防控模式，构筑社区防控的铜墙铁壁；到平均每天一场通气会，让疫情信息始终保持高度透明；再到坚决抓好常态化疫情防控工作，毫不放松做好冬季疫情防控工作。作为国家中心城市的广州，守土有责、守土担责、守土尽责，各方面力量合而为一，整座城市融为一体，展示出精细化、精准化的社会治理水平。

明者防祸于未萌，智者图患于将来。如果说应对疫情快速反应、坚强执锐，是鼓舞我们持续前行的士气；那么全力以赴复工复产，实现经济平稳发展，则是夺取"双胜利"的坚强底气。

一手抓疫情防控，一手抓复工复产。疫情发生以来，广州先后在减税、减费、减租、减息齐发力，十一个区在去年2月即相继发布"暖企政策"支持复工复产；数字经济创新发展"22条"、73个数字新基建重大项目签约

广州不断抢抓数字经济新机遇，增强经济发展新动能，去年前三季度GDP增长达到6.9%；"云"上广交会成功举办，展现着广州的蓬勃生机与无限活力。在危机中育新机、于变局中开新局，广州疫情防控取得重大战略成果，以扎实有力的"双统筹"奋力夺取疫情防控和经济社会发展"双胜利"。

日月不肯迟，四时相催迫。回望过去一年，"十三五"圆满收官，"十四五"全面擘画，疫情防控取得重大战略成果，双统筹取得积极成效；展望新春，在"十四五"开局之年，广州仍要全力以赴，继续奋斗，勇往直前，坚决绷紧疫情防控这根弦，毫不松懈抓好常态化疫情防控，为全国全省战"疫"贡献广州力量，展现广州担当，在历史年轮上，划下广州战"疫"刻骨闪亮的印记。

（文/广州日报评论员刘琢）

96.61%　9　7200　8000　30　110　59　1400　3　5　8　21　1

最高荣誉

钟南山院士荣获"共和国勋章"。

桑岭、谢达贤、杨智聪等21名广州市民获评"全国抗击新冠肺炎疫情先进个人"。

广州市第八人民医院党委等8个广州集体获评"全国抗击新冠肺炎疫情先进集体"。

张忠德等5名广州党员获评"全国优秀共产党员"。

广州白云国际机场等3个广州基层党组织获评"全国先进基层党组织"。

医疗救治

截至2021年1月17日24时，全市累计报告确诊病例943例，除1例病亡，以及31例境外输入病例在医院治疗外，均康复出院，目前确诊病例治愈率为96.61%。

9家定点收治医院。

3天内落实13家医院7200张床位。

目前，全市共储备收治新冠肺炎床位数6300多张。同时，做好扩容收治应急预案，可随时通过启动建设应急板房医院等，收治床位达到8000张以上。

各医疗机构和疾控部门按满负荷运转30天标准，储备了医用、防护、采样、检测、消毒等应急物资。

目前，全市二级以上医疗机构设置发热门诊110家、发热诊室11家，基层医疗机构发热诊室186个。

59名省市专家组成的联合会诊机制。

广州地区派出1400多名精干医护人员驰援武汉、荆州。

1.7亿　5　4　1

科研攻关

广州获得国家与省立项173项、项目总经费超过1.7亿元。

广州牵头承担广东省5大项国家科研应急项目。

广州战疫科研攻关4项成果磷酸氯喹、连花清瘟、新冠肺炎AI辅助诊断系统、防控医用智能机器人，被广东省向联合国推荐并获全球推广。

新冠检测试剂在获批时间、获批企业数、销售数量、服务数量等方面均居全省第一。

236　70万　13080　1500　19.8万　44万

严密防控

先后出台各方面专门指引和各类场所防护工作指引236个。

目前，广州市具备独立检测新冠肺炎核酸能力的医疗卫生机构91家，应急状态下，全市核酸检测能力可达到70万份/天。

市卫健部门制订"混采混检"应急检测预案，组建13080人的核酸采样队伍，并实施全员培训。

全市建立1500人的流行病学调查队伍，并组建流调预备队、医疗卫生专家队伍、消杀及心理辅导等多种专业应急队伍。

截至2021年1月17日，广州市累计接种新冠疫苗19.8万剂、接种人数18.7万。

从2020年2月27日至2021年1月18日18时，共承接入境航班2171班，累计转运旅客约44万名。

2021　2020

40亿　1.8万　132万

综合保障

截至2020年12月31日，全市在统企业累计生产各类口罩40亿只，防护服653万件，红外测温仪1220万支（台），核酸检测试剂盒16832万人份，医用护目镜3797万副。

从2020年2月份以来，广州警方建立了市、区两级以及相关警种等17支、400余人的应急处置分队，协助卫健部门开展疫情防控的应急处置工作。截至2021年1月15日，应急处置分队已累计出动警力1.8万余人次，协助核查涉疫情人员5000余人，协助转运各类人员28万余人。

全市团组织、青年志愿服务组织共发布疫情防控志愿服务项目1.86万个，青年志愿者上岗近67.8万人次，服务时长超132万小时。

2759　6012　17.8万　23.6万　8100万　1.76亿

241　181

战"疫"强音

就疫情防控、复工复产等主题，广州市政府新闻办2020年召开241场新闻发布会，累计688家单位、1146名发布人参与其中。

设计推出22个系列181款防疫公益海报和宣传画。

党建引领

截至2021年1月15日共17.8万多名在职党员下沉社区参与抗疫。

6593支党员突击队、先锋队、服务队，在疫情防控中共参与活动23.6万多次。

全市176个镇（街）党（工）委和2759个村（社区）党组织强化统筹协调功能，成为疫情防控的"主心骨""顶梁柱"。

全市共有6012名一线抗疫人员向党组织递交入党申请，经过严格审核，在入党积极分子和入党申请人中火线发展党员112人。

全市共有62.3万多名党员自愿捐款8100多万元。

在党员的示范带动下，社会各界均踊跃开展募捐款物活动，全市捐赠资金收入合计1.76亿元，物资收入折合2378万元。

钟南山院士夜驰武汉。

去年正月初一就开始在岗的医护为自己加油。

酒店外，工作人员整理集中隔离人员物品。

广州万力轮胎厂车间内复工有序。

扫码直击抗疫一周年专题。当前疫情防控形势依然严峻，不少曾支援湖北的医生再度驰援河北，争取早日打赢这场疫情防控攻坚战。

广州日报全媒体编辑中心出品
统筹/张敏、何超、李思涵
视觉设计/拿虹
数据/广州日报全媒体记者伍仞、方晴、赵方园、刘幸、张旅游、何道盈，通讯员穗卫健宣、穗团宣、穗组轩　部分资料源自广州日报相关报道
图/广州日报全媒体记者邹旭阳、陈忧子、@视觉中国

我们穿得很"萌"

像温暖的"大白"

《重磅！眼前一亮！》

轻合双眼，一起追光未来

作品呈现形式：

SVG 互动海报

作品简介：

生活在广州，以后福利有多“豪横”？广州未来会放什么“大招”？2021 年 1 月 29 日，广州市第十五届人民代表大会第六次会议开幕，会议期间审查《广州市国民经济和社会发展第十四个五年规划和二〇三五年远景目标纲要(草案)》[以下简称《纲要(草案)》]，为未来广州怎么干描绘了蓝图。当日，广州日报推出的《重磅！眼前一亮！》SVG 互动海报，也着实让受众“眼前一亮”。

作品创意精巧，从《纲要(草案)》中重点提到的“枢纽之城”“实力之城”“创新之城”“智慧之城”“机遇之城”“品质之城”6 个未来广州的“画像”出发，通过悬念制造、吸引互动、谜底揭晓的互动步骤设计 SVG 效果，以“轻合双眼 追光未来”的生动形象和呈现形式切入，对应设计“在广州到底以后有多能赚？”“广州朋友圈能结识多少大腕？”“我来看看广州会和谁配一脸？”“城市品质如何圈住更多粉？”“文化广州未来如何惊艳出圈？”“在广州生活以后福利有多豪横？”6 组共 12 张互动海报，吸引受众参与互动一起“追光”，“触及”广州 5 年乃至 15 年后的美好未来。

每组海报除了形式精巧，文案也颇下功夫，将《纲要(草案)》中对应主题下的主要亮点以精练文字一一呈现。作品推出之后，获得广泛好评。(汤新颖)

事业粉报到！
未来广州
放什么大招？
追光未来
长按看看"十四五"的广州
一起追光未来！

枢纽之城、实力之城、创新之城
智慧之城、机遇之城、品质之城
高质量发展的实力派
广州已就位
●建设科技创新强市
●建设更具竞争力的现代产业体系
●建成国际一流智慧城市
●打造国内大循环中心节点城市和国内国际双循环战略链接城市
广州日报
——《广州市国民经济和社会发展第十四个五年规划和二〇三五年远景目标纲要（草案）》

在广州
到底以后
有多能赚？
追光未来

广州遍地是机遇
敢拼就会赢！
●构建国际一流营商环境
●实现政务服务100%全程网办、惠企政策兑现"免申即享"
●探索实行触发式监管、沙盒监管和"包容期"管理
●聚焦政务服务、产权保护、个人破产等领域立法先行
广州日报
——《广州市国民经济和社会发展第十四个五年规划和二〇三五年远景目标纲要（草案）》

广州朋友圈
能结识
多少大腕？
追光未来

未来尽是
开放广州的高光时刻
●推动自贸试验区扩容提质
●积极拓展全面开放空间
●建设"一带一路"重要枢纽城市
●加快国际交往中心建设，争取承办主场外交活动，打造高端国际会议目的地，拓展国际交往"朋友圈"
广州日报
——《广州市国民经济和社会发展第十四个五年规划和二〇三五年远景目标纲要（草案）》

贰

2月

刊发时间
2021年
2月8日

《广州拍了拍你，大喊一声"留低"！》

电视购物风包装引发魔性传播

作品呈现形式：

短视频

作品简介：

2021年春节期间，为积极呼吁广大市民留在广州过年，同时广泛宣传服务保障节日民生的举措，广州日报推出《广州拍了拍你，大喊一声"留低"！》创意视频，通过广大网友喜闻乐见的"电视购物风"视频形式，向受众发起留穗就地过年的号召，同时从防控举措、节庆活动、环境气候、文化素质、年味习俗等多方面，用心、用情、用功展现留穗过年群众服务保障的情况。该公益宣传视频语言幽默、画面别具一格，经广州日报新媒体平台发布后，出现广泛的圈群分享效应，形成"魔性"传播，不仅博得广大网友一笑，引发不少人"二刷"，更坚定了不少人留穗过年的决心。网友纷纷留言表示"一条视频，看完即留""这么接地气的视频，逗乐一个年""广州，不愧是你"等。（何超）

广州邀请你留下
过年啦
www.liuzaiguangzhou.guonian
留在广州，一起过年：020-2021666
有惊喜 |998
以上内容纯属搞笑，图、文、视频无关（电话网址纯属虚构）
广州日报全媒体编辑中心、全媒体视觉部联合制作

春节服务
一条龙
www.liuzaiguangzhou.guonian
留在广州，一起过年：020-2021666
有惊喜 |998
以上内容纯属搞笑，图、文、视频无关（电话网址纯属虚构）
广州日报全媒体编辑中心、全媒体视觉部联合制作

雷猴
www.liuzaiguangzhou.guonian
留在广州，一起过年：020-2021666
有惊喜 |998
以上内容纯属搞笑，图、文、视频无关（电话网址纯属虚构）
广州日报全媒体编辑中心、全媒体视觉部联合制作

2月

刊发时间
2021年
2月10日

《“爸妈，过年我不回家了……”》

越真实，越动人

作品呈现形式：

短视频、海报

作品简介：

2021年春节期间，广州日报推出《“爸妈，过年我不回家了……”》访谈视频，关注就地过年的故事，邀请了医生、高速项目工程师、心理咨询师、出租车司机、送餐骑手5位不同行业的来穗务工人员，以访谈形式听他们讲述不回家过年的感人故事，同时记录下他们打电话给家人并告知春节不回家的全过程。采访对象有怀孕待产的准妈妈、女儿在外地刚出生的新手爸爸、23年坚守广州春运一线的司机等，人物故事性极强。通过访谈、电话通话的形式，视频真实展现了来穗务工人员坚守岗位的责任心，记录下他们和亲人之间的感情羁绊。

在春节来临之际，访谈视频分别于广州日报微信公众号、广州日报视频号、广州日报官方微博、广州日报客户端、新花城客户端、抖音等平台推出，并推送人物海报、新媒体推文。视频制作耗时半个月，契合“就地过年　暖在身边”的中心主题，并凭借温馨走心的风格、接地气的人物故事、质朴感人的对白，引起广泛转发。（麦蔼文）

广州日报
祝福每一位守护着
这座城市的劳动者

爸妈 我过年不回家
过年了，
想念奶奶做的
梅菜扣肉
医生
罗雯雯 江西人
广州日报
新花城

爸妈 我过年不回家
咱们除夕
视频通话
吃年夜饭
外卖骑手
王龙川 河北人
广州日报
新花城

爸妈 我过年不回家
不用担心我，
这边吃得好，
天气也好
中国交建
工程师
翟威 河南人
广州日报
新花城

2月

刊发时间
2021年
2月11日起

“春节坚守在热线那头的神秘人”

最美“热线人”的新春守护

作品呈现形式：

报纸版面、小视频

作品简介：

牛年春节期间，有留在广州就地过年的广大市民，更缺不了各行各业坚守岗位的工作者，系列报道独辟蹊径地选择广州重要的7条民生热线——12345政府服务热线、110报警热线、12320公共卫生热线、95598供电热线、12395海事局救援热线、96833燃气热线、96968自来水热线，从中各选择一名春节在岗的接线员来讲述自己的故事。

系列报道为每条热线制作了“名片”，介绍热线的用途。这些热线不仅可以解决市民生活上的小麻烦，也可能是他们在危急时刻的救助方式。通过接线员讲述自己坚守岗位的故事，读者可以了解到一个个熟悉的电话号码后面接线员的辛勤付出。他们的故事以小见大地展现了特大城市基层工作者的无私奉献。（吴一钒）

春节坚守在热线那头的神秘人

12345

广州政府服务热线

成立年份：2014年
接线员人数：850人
2020年服务量：1684.02万件（接电和微信）
接通率：92.53%
特点：坚持以人民为中心，打造民生诉求、城市治理和营商环境全覆盖的广州市政务服务“总客服”。

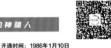

春节坚守在热线那头的神秘人

110

报警服务台

开通时间：1986年1月10日
接线员人数：180余名
2020年服务量：505.17万
日接警量达：1.5万宗。平均每分钟有10个电话打进110台。每100宗110报警，有19宗是无效报警，包括无声、打错电话、小朋友玩电话等。
特点：有危难找警察

4 广州过年 花城看花

广州日报 2021年2月11日 星期四 责任编辑：夏 强 美术编辑：郭宇辉

【开篇语】

牛年春节又是一个不一样的春节，有留在广州就地过年的市民，更缺不了各行各业坚守岗位的工作者。

今日起，广州日报将推出"春节坚守热线那头的神秘人"全媒体系列报道，聚焦12345政府服务热线、110报警热线、12320公共卫生热线、95598供电热线等接线员，讲述他们坚守岗位的故事。在这座城市安定繁荣背后，离不开这群热线神秘人的辛勤付出，他们热得发光、热得温暖。

编辑统筹/吴一帆

文/广州日报全媒体记者黄庆

图/广州日报全媒体记者苏俊杰

广州12345政府服务热线"最美热线人"胡穗娟——

一条热线连着一颗热心

胡穗娟在工作中

春节坚守在热线那头的神秘人

12345

广州政府服务热线

成立年份：2014年

接线员人数：850人

2020年服务量：1684.02万件（接电和短信）

接通率：92.53%

特点：坚持以人民为中心，打造民生诉求、城市治理和营商环境全覆盖的广州市政务服务"总客服"。

"您好！广州12345政府服务热线，请问有什么可以帮您？"

"您的诉求已经记录，将转派给负责单位，请您留意电话短信接收反馈，再见。"

挂掉电话，今年入职第4个年头的胡穗娟摘下口罩喝了口水，看看时间——下午4时刚过。这是她当天接听的第78通电话。胡穗娟推了推眼镜说，"最忙时一天能接到一百三四十通电话，这几天减少到100通左右。"这个身材娇小的广州女孩，被来电市民评价"声音甜美"。然而不为人知的是，她患有严重的眼疾，但这并不妨碍她用声音为万千广州市民释疑解惑。

从不爱说话到性格开朗

话务员工作需要阅读和背记大量政策规章等知识点，这对患有眼疾的她挑战不小，但她凭借孜孜不倦的毅力克服困难，连续两年被评为服务精英，2020年还拿到了单位内部最高评比奖项——最美热线人。

"一开始做这份工作的时候，自己其实不太喜欢，因为我之前不爱说话，培训时测评成绩是班里最低分，濒临淘汰。"胡穗娟笑着说，"但是师傅一直劝我不要灰心，尤其是我先生给了我很大的鼓励。后来我也慢慢体验到这份工作的乐趣，性格也开朗了许多。我现在非常喜欢这份工作，既能帮助别人，也能发挥自己的特长，体现自己的价值。"

去年春节新冠疫情暴发，12345热线话务量暴涨，许多休假的话务员都取消了假期，胡穗娟也是其中之一。今年春节，胡穗娟本打算和先生回他老家河南，但为了响应政府号召，他们决定留在广州过年。

印象最深刻是电话安抚市民

谈到自己印象最深刻的一通热线电话，胡穗娟不假思索地脱口而出："就在前天，一位市民打来电话，大概是中年妇女，她认为有一些事情有关部门处理不当，感觉受了委屈，声称要寻短见。"胡穗娟说，"一般接到这种危急的电话，按流程应该立刻报警，但是我怕会对她形成更大刺激，所以选择耐心开导劝说。经过十来分钟安抚，最后她的情绪终于慢慢平复下来。"

傍晚时分，胡穗娟的下班时间到了，她收拾好东西，看看四周，灯火通明下，同事们都在忙碌地接听着热线。他们每多接一个电话，市民的困扰可能就会减少一分。

关爱模范 情暖好人

广州市开展关爱道德模范、身边好人活动

广州日报讯（全媒体记者何道岚 通讯员魏文明）2021年春节前夕，广州市文明委组织开展关爱道德模范、身边好人活动，对各级道德模范和身边好人代表进行慰问，送上新年祝福。

节前，市委、市人大、市政府、市政协相关领导代表市文明委分别慰问了王颂汤、蔡斯迪等4名全国道德模范、中国好人代表，与各位道德模范和身边好人分别进行了亲切交谈，仔细询问……出的突出贡献表示衷心感谢。希望他们能继续发挥模范带头作用，积极传播社会主义核心价值观，为广州市学习宣传贯彻习近平新时代中国特色社会主义思想，奋力实现老城市新活力和"四个出新出彩"提供精神力量和道德支撑。市文明办也对全市10名生活困难的道德模范、身边好人分发了慰问金，送去了党委政府的关怀，勉励他们努力克服困难，继续发挥模范带头作

2 广州过年 花城看花

广州日报 2021年2月16日 星期二 一版编辑：陈 映 王月华 二版编辑：梁蕾黔 美术编辑：王 斌

"帮客户解决问题很有成就感"

96833热线接线员潘琳：用声音为市民排忧解难 默默撑起安全用气保护伞

今年春节，在广州燃气96833热线工作的潘琳更加忙碌了。往年春节期间，每天有500-600通热线电话，由于今年留穗过年人员增加导致用气需求增加，来电咨询和申请业务的用户都比往年多了30%左右。"我们8班倒，用声音为市民排忧解难，默默为用户撑起安全用气的保护伞。"接线员潘琳表示。

据了解，广州燃气96833服务热线成立于2001年，目前拥有62名客服员，为广州市200万燃气用户提供全年无休24小时不间断服务，年电话呼入量120万以上，电话沟通解决问题约占75%，下单处理约占25%。

编辑统筹/吴一帆

文/广州日报全媒体记者刘春林 通讯员黄希原

图/广州日报全媒体记者苏韵桦

96833热线接线员潘琳

春节坚守在热线那头的神秘人

96833

广州燃气热线

开通年份：2001年

接线员人数：62人

年呼入量：120万以上 电话沟通解决问题约占75%，下单处理约占25%

特点：始终坚持以"真诚服务，以客为尊"的服务理念，为广州市200万燃气用户提供全年无休24小时不间断服务。

不回家过年同样是守护亲情

"您好，请问有什么可以帮到您？"

"我家用不了气啦，是怎么回事呀？"

"您别着急，我先查一下。您家煮饭有没有气？热水器呢？再检查一下电池……"潘琳戴着耳机，接听着街坊们打来的电话，一边指导他们进行操作，一边进行登记处理。

潘琳是河南人，今年是她在广州燃气96833热线工作的第十年。原本她要带着8个月的孩子回先生老家湖北过年，但为了积极响应国家疫情防控号召，最终选择留穗过年，坚守在工作岗位。"毕竟，回家过年是亲情，不回家过年同样是守护亲情。"

"家里无法用气"是潘琳接到最多的热线电话之一，此时她要担任"诊断员"的角色，像剥洋葱一样，在线指导客户逐步去排查。遇到这类问题，潘琳会先查客户所在区域有没有计划性的停气，再教他们进行问题诊断，例如检查具体没气的位置，燃气装置的电池是否有电，邻居家有没有同样的问题等。潘琳慢慢地抽丝剥茧，找到问题后，再安排相应的工作人员上门进行进一步检查和维修。

燃气接线员需要24小时值班，按照用气的时间段，分为8个班次，班次之间相互重叠。用气高峰时期，值班人员最多。"而最紧张的班是深夜班，因为夜间突发事情比较多，要随时保持警惕。"潘琳坦言。

最难忘的事：5年不断接到同一客户电话

潘琳的最高纪录是一天接了150多通电话，10年来累计接了约20万通电话。除了各种燃气问题，潘琳还会接到其他五花八门的电话，比如有人深夜想找人聊天，有人想为接线员唱一首歌等。

令潘琳印象最深的是，值夜班时，她经常会接到同一个客户的电话，来询问家里是不是漏气了。潘琳多次安排工作人员上门检查，都说没有任何问题。潘琳觉得十分诧异，便向这位客户的家人了解，原来这是一位抑郁症患者，每天一定要打热线电话，得到接线员"燃气没有安全问题"的肯定回答后，他才能安心入睡。了解到情况后，潘琳每次都为这位客户耐心解答，这一坚持就是5年。"这对我来说，只是一件很小的事儿。做这一行有笑有泪，帮客户解决了某个问题时，我会感到很有成就感。"潘琳表示。

越秀花灯会将推迟举办

广州日报讯（全媒体记者全杰 通讯员吴霖）越秀公园方面昨日发布通告，为切实保障广大市民安全健康，减少人员聚集和流动给疫情防控带来的风险，年度传统盛事2021年越秀花灯会将推迟举办。

虽然暂时没有花灯会，但春节期间越秀公园组织策划了一系列文化活动：

1.《百年华诞，福满羊城》主题花展。展览时间：2021年2月5日-28日，展览地点：越秀公园正门、南秀花苑、东门等。

2.越秀公园特别邀请省级非物质文化遗产"广式红木宫灯"传承人罗敏欣老师在鸟语花香的公园湖畔举办"华灯耀越秀 金牛送福来"宫灯传承活动。展览时间：2021年2月5日-28日14:00到16:00，展览地点：韩国园前广场。

3.花开富贵，金牛送福——越秀公园迎新春花卉盆景艺术展。展览时间：2021年2月5日-28日，展览地点：花卉馆下馆。

"就地过年"带旺周边游

广州日报讯（全媒体记者全杰）在"就地过年"效应影响下，相比往年的异地"长线游"，今年大家都倾向于短周期、近距离、慢节奏的出游方式。记者看到，春节假期期间，广州周边酒店和景区都人气火爆，大年初一，石门国家森林公园游客达到6151人次；流溪河国家森林公园游客达到5369人次。广东温泉宾馆春节七天假期全部满房，南沙花园酒店也是入住率接近100%，房价更是比平日上涨了一倍。

春节期间，广州市郊酒店热度不断飙升。根据同程旅行平台数据显示，平台上自驾时间在1-3小时的城市周边酒店的搜索热度不断攀升，搜索量较前一周增长近七成。据悉，"酒店+"玩法和线路热度不断上升，如"酒店+景区""酒店+大型游乐场"等。其中，周边游"酒店+景区"组合套餐的搜索量增长近六成。同时，适合全家集体出游的家庭房、亲子房、温泉房等房型，相比往年增长迅猛。

2月

刊发时间
2021年
2月25日

"全家福"特别报道

沿着总书记的足迹定格"全家福"

作品呈现形式：

报纸特辑、创意 HTML 页面（以下简称 H5）

作品简介：

2020 年，我国全面建成小康社会取得伟大历史性成就，决战脱贫攻坚取得决定性胜利。站在开启全面建设社会主义现代化国家新征程、向第二个百年奋斗目标进军的新起点上，2 月 25 日，全国脱贫攻坚总结表彰大会隆重召开。大会召开当日，广州日报第一时间策划推出 8 个大版"全家福"全媒体特别报道和《嘿，我们的全家福拍好了》创意互动 H5，通过蹲点采访习近平总书记历年来到访、关怀过的普通百姓，讲述他们的小康奋斗历程、幸福生活故事，定格一个个小家庭的全家福，汇聚成一幅中华大家庭"全家福"的时代相册。作品获得中共广东省委宣传部、中共广州市委宣传部专题阅评表扬和中共广州市委主要领导批示肯定。

报道巧妙抓住"全家福"的创意并由此延伸展开。"全家福"不但描绘了一个个小家庭摆脱贫困之后的喜悦幸福，更蕴含着由一个个小家庭汇集而成的中华民族大家庭全面建成小康社会取得伟大历史性成就、决战脱贫攻坚取得决定性胜利后的美好生活。

从习近平同志当选总书记后首次访贫问苦到访的河北骆驼湾村，到首次提出"精准扶贫"重要论述的湖南十八洞村；从强调"扶贫路上不能丢下一个贫困群众"的井冈山神山村，到要求"全面小康路上一个不能少"的广东连樟村；从提出"让城市留住记忆，让人们记住乡愁"的北京草厂四条胡同，到提出"人民城市人民建，人民城市为人民"重要理念的上海杨浦滨江……记者走进总书记到访过的一个个小家，贴身采访总书记亲切对话过的主人公，挖掘真实故事，记录沧桑巨变，刻画奋斗足音，倾听美好畅想。《家里的电器，不再只是节能灯》《在家能挣钱，不用在外漂着了》《凤阳花鼓戏，唱的是幸福小曲》……每个故事以细腻的笔触、生动的标题，

广州日报

2021年
2月25日
星期四

1

责编：
石善伟 汤新颖
美编：杨晓明

全面建成小康社会取得伟大历史性成就，决战脱贫攻坚取得决定性胜利

全家福

定格『全家福』 沿着总书记的足迹

广　言

历史似奔流长河，从没停止它前行的脚步。

8年来，习近平总书记亲自挂帅、亲自出征、亲自督战，走遍全国14个集中连片特困地区，“看真贫、扶真贫、真扶贫”。8年来，全体中国人民立下愚公移山志，咬定目标、铆足拼劲、苦干实干。

天下之本在国，国之本在家。当亿万中国人的家国情怀凝聚起奋进的力量，当全面小康定格在千千万万“全家福”中，中华民族逐梦的步履必定更加坚实有力，“中国号”巨轮势必劈波斩浪勇往直前。

从湖南十八洞村到安徽小岗村，从井冈山神山村到深圳渔民村……这一次，我们沿着总书记的足迹，再次叩响这些家门，为他们都拍了一张“全家福”。

梦想跨越千年

梦想是信仰。

两千多年来，中国人对小康生活的向往从未停止。从“小康”“大同”的家国理想，到彰显中国式现代化的“小康之家”，“小康”一直是中华民族追求的理想社会状态。

中国梦是历史的、现实的，也是未来的。

中国梦是民族的梦，也是每个中国人的梦。

两千多年来，中华民族积蓄了强大能量，奋力让梦想照进现实。从全面建成小康社会，到迈向全面建设社会主义现代化国家新征程，我国阔步进入新发展阶段。如今，“小岗梦”已不仅是引进工业、发展现代农业和旅游业，而是探索“资源变资产、资产变股金、农民变股东”；如今，湘西州花垣县排碧乡十八洞村围绕乡村旅游，把一张蓝图绘到底，望得见山、看得见水、记得住乡愁。

历史是不断向前的，要达到理想的彼岸，就要沿着我们确定的道路不断前进。唯有践行新发展理念，方能破解不平衡不充分的问题。在陕西平利县老县镇蒋家坪村，昔日住在油纸棚里、生了病不舍得去医院的贫困户搬进了宽敞明亮的楼房，正在“因茶致富”的大道上奋力前行。在广东清远英德连樟村，满目青山、瓜果飘香，文化馆、广场、绿道样样齐全。在广州东濠涌，清风徐来、碧波荡漾，水脉、文脉、史脉、人脉、商脉融于一体……锐意改革创新，突破发展瓶颈，焕发内生动力，美好生活就在眼前。

灯塔光耀未来

梦想是灯塔。

深圳渔民村人圆了小康梦，在新的历史方位中眺望着未来。这里曾因“中国首个万元户村”的美誉而轰动全国；而今，这里实现了“一站式”解决民生需求，“足不出社区”就能办事，正不断把建设中国特色社会主义先行示范社区的探索引向深入。

乡村兴则国家兴。实现“两个一百年”奋斗目标，最广泛最深厚的基础在农村，最大的潜力和后劲也在农村。从关闭矿产业，到推动生态修复，再到打造特色旅游，浙江安吉的余村人奋进不止歇；从开办第一家农家乐，到创办旅行社和旅游车队，再到筹划文化公司，潘春林和他的家人创新不停步。

以新发展理念作为行动先导，以创新驱动促进动能转换——“中国号”巨轮增添新动力，驶入更加广阔而光明的天地。

“治天下也，必先公，公则天下平矣。”人民至上的思想灯塔，引领着中国的高质量发展。让广大人民群众共享改革发展成果，是社会主义的本质要求，是社会主义制度优越性的集中体现，是我们党坚持全心全意为人民服务根本宗旨的重要体现。亿万人民勠力同心绘就中华大家庭“全家福”，全体人民推动发展的积极性、主动性、创造性就能充分调动起来，国家发展也才能具有最深厚的伟力。

征途漫漫，惟有奋斗。

站在“两个一百年”奋斗目标的历史交汇点上，每个中国人风雨兼程的身影，都将汇入“全家福”的时代相册中。每个中国人自强不息的征程，都将镌入“中国梦”的国家记忆里！

扫码走进幸福之家

策划：
杨清蒲
周成华
林　明

执行：
赵东方
余　靖
汤新颖

统筹：
石善伟
王晨阳
张　毓

设计：
杨晓明

传达出温暖的主旨，感染力十足。

在呈现形式上，记者每到访一个小家，都为全家人拍一张全家福，每个版面上定格的一张张笑脸，温暖传神，直击人心。特别报道封面以照片墙的形式展开创意设计，和煦的暖阳映射着一面悬挂着一张张全家福的照片墙，通过虚实结合的层叠延伸，汇聚成一张中华大家庭的全家福，饱含着浓浓的家国情怀，将温暖、奋进的主题烘托得淋漓尽致。

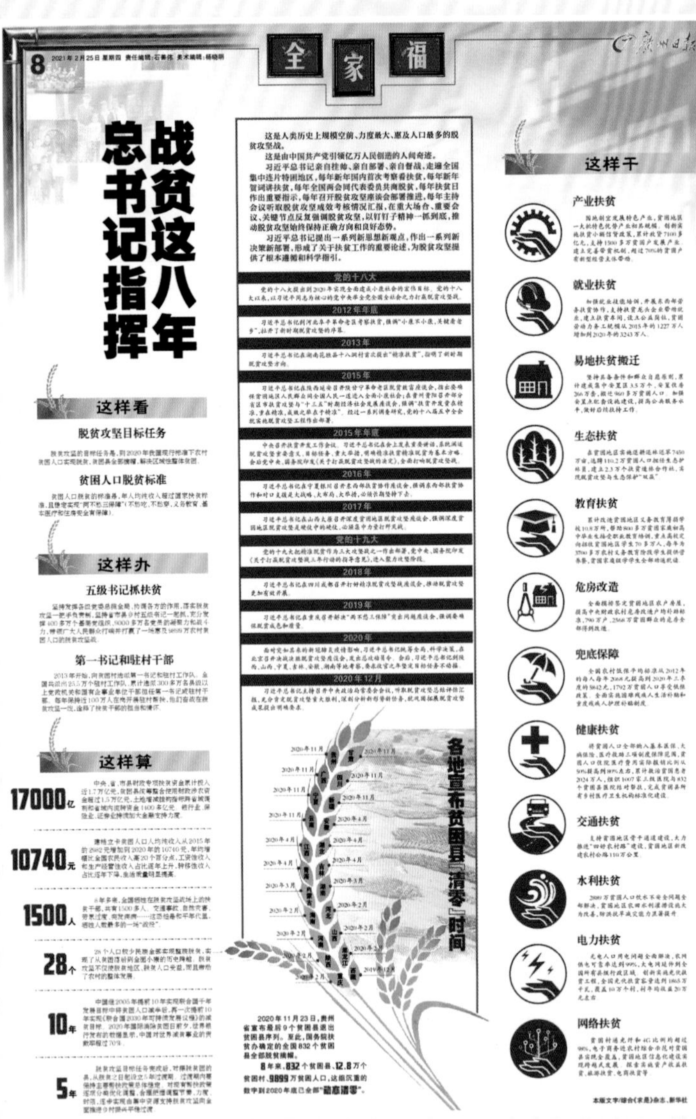

8 2021年2月25日 星期四 责任编辑：石善伟 美术编辑：杨晓明

全家福

广州日报

战贫这八年 总书记指挥

这是人类历史上规模空前、力度最大、惠及人口最多的脱贫攻坚战。

这是由中国共产党引领亿万人民创造的人间奇迹。

习近平总书记亲自挂帅、亲自部署、亲自督战，走遍全国集中连片特困地区，每年新年国内首次考察看扶贫，每年新年贺词讲扶贫，每年全国两会同代表委员共商脱贫，每年扶贫日作出重要指示，每年召开脱贫攻坚座谈会部署推进，每年主持会议听取脱贫攻坚成效考核情况汇报，在重大场合、重要会议、关键节点反复强调脱贫攻坚，以钉钉子精神一抓到底，推动脱贫攻坚始终保持正确方向和良好态势。

习近平总书记提出一系列新思想新观点，作出一系列新决策新部署，形成了关于扶贫工作的重要论述，为脱贫攻坚提供了根本遵循和科学指引。

党的十八大

2012年年底

2013年

2015年

2015年年底

2016年

2017年

党的十九大

2018年

2019年

2020年

2020年12月

这样看

脱贫攻坚目标任务

贫困人口脱贫标准

这样办

五级书记抓扶贫

第一书记和驻村干部

这样算

17000亿

10740元

1500人

28个

10年

5年

这样干

产业扶贫

就业扶贫

易地扶贫搬迁

生态扶贫

教育扶贫

危房改造

兜底保障

健康扶贫

交通扶贫

水利扶贫

电力扶贫

网络扶贫

各地宣布贫困县"清零"时间

8个大版的“全家福”特别报道在全国脱贫攻坚总结表彰大会召开的重要节点推出，站位高，节奏准，效果好。特别报道以总书记2012年以来到访、关怀过的普通城乡百姓的真实生活为脉络，派出12路记者深入全国各地，沿着总书记的足迹展开深度蹲点回访，主人公都被总书记曾经关心关怀过，通过讲述他们的生活巨变、奋斗历程、未来憧憬，生动展现了总书记的深邃思想、决策要义、为民情怀、人格魅力，诠释了“脱贫摘帽不是终点，而是新生活、新奋斗的起点”的深刻内涵。

特别报道封底版以“总书记指挥战贫这八年”为主题，通过数据提炼、图示设计的直观形式，梳理集纳总书记的重要思想、重要观点、重要论述、举措部署，系统回溯我国脱贫攻坚和全面建设小康社会的重要节点、主要举措、巨大成就，真实记录这场“人间奇迹”的奋进足印。

2 全家福 广州日报

总书记在湖南十八洞村首次提出"精准扶贫"

家里的电器，不再只是节能灯

总书记在河北骆驼湾村激励乡亲们只要有信心黄土变成金

在家能挣钱，不用在外漂着了

小康之家
湖南花垣县十八洞村石大姐和乡亲们的"全家福"
点击图片看Ta家小康故事

在融媒呈现上，广州日报聚焦“全家福”创意，同步推出《嘿，我们的全家福拍好了》情景式创意互动H5。该作品通过搭景实拍，以一段粉刷新家并将全家福挂上墙的情景视频引入，带领用户进入温馨的小康之家的生动场景——暖阳穿透纱帘，画面温馨惬意，营造了幸福温暖的视听体验。同时，用户可通过交互操作，浏览总书记到访过的一个个小家庭的全家福照片，择取照片“上墙”，在看温馨合影的同时听取他们的小康感言原声，并可详细阅读每个小家富有感染力的小康故事。一张张暖心动人的照片，一个个照片背后的小康故事，一句句真情流淌的凡人心声，饱含着小康之家的温暖和幸福。（汤新颖）

H5｜嘿，我们的全家福拍好了

叁

“跟着总书记学党史”学习教育平台

学党史有了掌上阵地

作品呈现形式：

新媒体频道

作品简介：

为了将党史学习教育真正落到实处，2021年3月3日，广州市区融媒体中心客户端“新花城”和广州日报“学习强国号”率先上线“跟着总书记学党史”学习教育平台，以生动丰富的精品内容和立体多元的传播矩阵为全市党员干部打造党史“大学习”阵地。此举也走在了省级媒体和兄弟城市媒体前面。

通过提早规划布局，“新花城”客户端开设“学党史”一级频道，下设“讲话原声”“党史故事”“学习竞赛”“红色巡展”“学习动态”等子频道。“讲话原声”子频道动态集纳习近平总书记相关系列重要讲话的原音素材、全文，帮助广大党员原汁原味学习党史、新中国史、改革开放史、社会主义发展史。“党史故事”子频道重点呈现广州日报“跟着总书记学党史”大型系列报道蹲点式精品报道内容，下设“总书记@的共产党员”“总书记点赞的伟大精神”“总书记走过的红色史迹”“总书记讲述的中国故事”等专题，以党的十八大以来习近平总书记系列重要讲话为红线，紧紧围绕总书记重要讲话描摹百年伟大历程。“学习竞赛”子频道架设的“党史题库”，则在中共广州市委党史文献研究室专家协助下，持续更新党史学习试题。“学习动态”子频道聚焦“奋斗百年路 启航新征程”建党百年主题活动，实时报道中央、省、市学习教育部署活动，展现广州基层党建风采。由于行动快、上线早，内容多、服务细，平台上线后，大量网友点赞称“这个掌上阵地真好用”。（汤新颖）

100

跟着总书记学党史

学习教育平台

奋进新征程
建功新时代

奋进新征程 建功新时代

红色地标　　学习题库

讲话原声　党史故事　红色巡展　学习动态

纪念辛亥革命110周年大会在京隆重举行 习近平发表重要讲话

新华社　2021-10-10 10:38:08

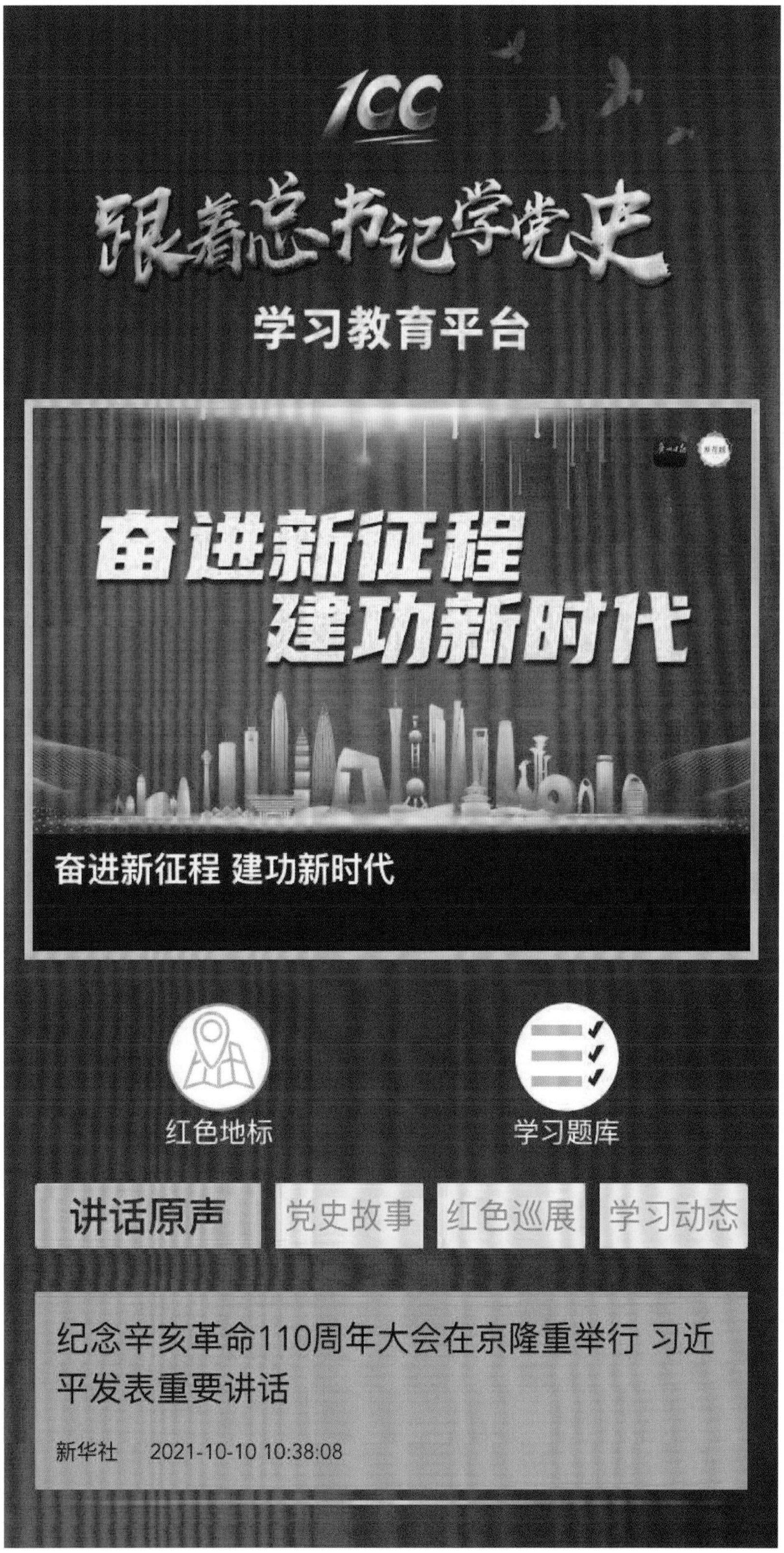

3月

刊发时间
2021年
3月4日

《从广州红色地标出发，寄一张“初心”明信片》

手绘明信片传承初心

作品呈现形式：

H5、海报

作品简介：

2021年的春节，广州红色旅游火热，一批批游客选择到广州起义烈士陵园、农民运动讲习所旧址、中共三大会址纪念馆等景点打卡，接受革命传统教育。红色地标是中国共产党百年历史的见证，蕴藏着红色基因和精神密码，广州是近现代民主革命的策源地，红色旅游资源丰富。结合党史学习教育，广州日报推出《从广州红色地标出发，寄一张“初心”明信片》互动H5，邀请读者挑选一张印有广州红色地标的明信片，为家人朋友、党员同志、身边群众送上回望百年初心、砥砺奋斗前行的勉励与鼓舞。

总书记多次在不同场合发表关于学习党史的重要论述，初心、奋斗、使命、追梦……明信片相应配上总书记金句，加深学习，入脑入心。

明信片特别用手绘的方式展现，用更年轻有活力的方式表达，让读者感受到红色地标愈加旺盛的生命力，搭配H5创意互动的形式，线上寄送明信片与线下红色旅游打卡相结合，引导更多人选择红色旅游，学习百年党史，汲取奋进力量。

（徐梅花）

100
庆祝中国共产党成立100周年
1921-2021
团一大纪念广场
征途漫漫 唯有奋斗
奋斗是青春最亮丽的底色，让我们用理想的力量，创造美好明天。
微信昵称
广州日报
新花城
扫码送明信片

100
庆祝中国共产党成立100周年
1921-2021
中共广东区委旧址纪念馆
幸福都是奋斗出来的
奋斗是青春最亮丽的底色，让我们用理想的力量，创造美好明天。
微信昵称
广州日报
新花城
扫码送明信片

《学习笔记》

把学习进行到底

作品呈现形式：

报纸版面、海报、H5

作品简介：

2021年全国两会期间，广州日报将《学习金句》和《学习笔记》融合，推出升级版的《学习笔记》专栏。以《学习金句》为统领，为读者学习重要讲话精神"划重点" "敲黑板"，原汁原味地学习习近平总书记最新重要讲话精神。同时，邀请党校专家学者和代表委员一起深入学习，做笔记、讲心得，真正做到把总书记重要讲话精神学懂、弄通、做实。3月5日至7日，总书记连续三天"下团组"，广州日报则连续三天以"新发展理念" "医疗与教育" "高质量发展"为主题，组织党校专家和代表委员探讨学习。

同时，在新媒体呈现形式上，以"总书记'下团组'时发表的重要讲话+代表委员学习笔记+答题检测巩固"为主体内容，设计成学习日历卡，用户选择日期，即可进入学习环节。首先是总书记当天"下团组"重要讲话的金句，然后是代表委员围绕总书记重要讲话进行充分学习的笔记重点，在经过两轮学习之后，进入学习检测环节进行答题，这些为用户学习总书记重要讲话精神提供了一个非常好的学习形式。

在界面设计上，学习金句部分简洁大气、方便阅读，学习笔记划了重点，答题环节则更加注重互动性，形成良好的闭环学习。这种灵活、有趣的学习方式，让总书记重要讲话精神更容易深入人心、内化于心。（徐梅花、王晨阳）

4 全国两会·学习笔记 广州日报

完整准确全面理解和贯彻新发展理念

广州日报邀请专家与代表委员学习习近平总书记重要讲话精神

学习金句

新发展理念是一个整体，必须完整、准确、全面理解和贯彻，着力服务和融入新发展格局。

要找准内蒙古在全国构建新发展格局中的定位，深入分析自己的优势领域和短板不足，进一步明确经济发展的重点产业和主攻方向，推动相关产业迈向高端化、智能化、绿色化，因地制宜发展战略性新兴产业和先进制造业，统筹推进基础设施建设。要注意扬长避短、培优增效，全力以赴把结构调过来、功能转过来、质量提上来。

要紧扣产业链供应链部署创新链，不断提升科技支撑能力。要深化改革开放，优化营商环境，积极参与共建"一带一路"，以高水平开放促进高质量发展。

要坚持绿水青山就是金山银山的理念，坚定不移走生态优先、绿色发展之路。

要继续打好污染防治攻坚战，加强大气、水、土壤污染综合治理，持续改善城乡环境。要强化源头治理，推动资源高效利用，加大重点行业、重要领域绿色化改造力度，发展清洁生产，加快实现绿色低碳发展。

——2021年3月5日，习近平总书记在参加十三届全国人大四次会议内蒙古代表团审议时发表重要讲话

开栏的话

关键词：新发展理念

推动我国向"制造强国"转变

继续提高公民环保素养

企业家要坚定贯彻新发展理念

民企应聚焦"强链补链延链"

新发展理念是一个整体 不能片面强调某一项

2 全国两会·学习笔记 广州日报

人民健康是社会文明进步的基础

广州日报邀请专家与代表委员共同学习习近平总书记重要讲话精神

学习金句

坚持人民至上 增进人民福祉

用最优秀的人培养更优秀的人

中医药界要传承精华守正创新

将立德树人贯穿到教育全过程

让学生从"工"成长为"匠"

要让学生树立崇高理想信念

做一名"德才兼备"的老师

3月
刊发时间
2021年
3月5日
至6日

《政府工作报告》解读

政府工作报告 @ 你啦

作品呈现形式：

报纸版面、H5、长图

作品简介：

每年全国两会都是各大媒体的重要“战场”和“舞台”，2021 年《政府工作报告》发布当天，快速抓住重点亮点、产品推陈出新非常重要。广州日报全程关注政府工作报告直播，边看边记，快速整理制作即时类海报等产品；随即以老人、创业者、科研人员等 10 类人群的新颖角度为切入口，对政府工作报告进行提炼，快速推出《马上查收！这 10 类人有专属大礼》H5，通过融媒互动形式展现政府相关利民举措，回应群众关切的问题；而《民生大礼包来了，转发周知！》长图，则重点围绕就业、教育、健康等方面的内容做进一步梳理，让读者快速获取《政府工作报告》中与自己密切相关的“大礼包”。

次日，广州日报用 4 个版对其进行解读。版面创新报道方式，一改往年一个版报道去年成绩单、一个版报道今年工作任务的形式，而是抓重点、抓亮点，通过“@ 企业家”“@ 老百姓”“@ 创业者”“@ 老人家”的形式，将《政府工作报告》中最抓眼球的内容提炼出来，“2020 成绩单”“今年这么干”“京穗连线”“权威解读”等内容条块清晰，既有全国层面上的总结，又有广东广州的独家采访，既有高度又接地气。4 个版分别用“红利”“幸福”“成长”“暖心”4 个关键词点睛，版式活泼大气。（林燕、黄婉华）

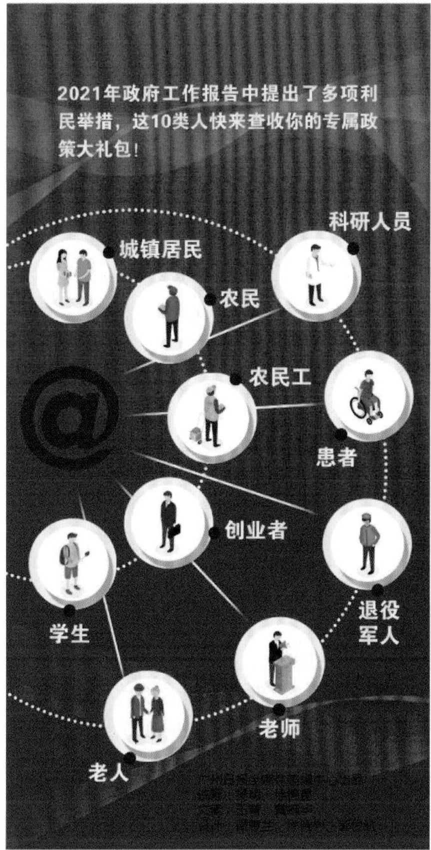

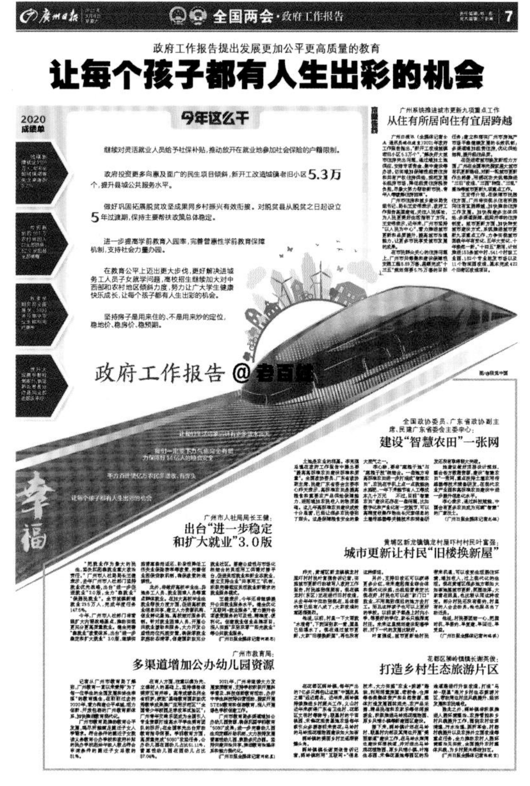

广州日报 全国两会·政府工作报告 7

政府工作报告提出发展更加公平更高质量的教育

让每个孩子都有人生出彩的机会

2020 成绩单

今年这么干

继续对灵活就业人员给予社保补贴，推动放开在就业地参加社会保险的户籍限制。

政府投资更多向惠及面广的民生项目倾斜，新开工改造城镇老旧小区5.3万个，提升县城公共服务水平。

做好巩固拓展脱贫攻坚成果同乡村振兴有效衔接。对脱贫县从脱贫之日起设立5年过渡期，保持主要帮扶政策总体稳定。

进一步提高学前教育入园率，完善普惠性学前教育保障机制，支持社会力量办园。

在教育公平上迈出更大步伐，更好解决进城务工人员子女就学问题，高校招生继续加大对中西部和农村地区倾斜力度，努力让广大学生健康快乐成长，让每个孩子都有人生出彩的机会。

坚持房子是用来住的、不是用来炒的定位，稳地价、稳房价、稳预期。

政府工作报告 @老百姓

幸福

广州系统推进城市更新九项重点工作

从住有所居向住有宜居跨越

全国政协委员、广东省政协副主席、民建广东省委会主委李心：

建设“智慧农田”一张网

广州市人社局局长王健：

出台“进一步稳定和扩大就业”3.0版

黄埔区新龙镇镇龙村屋吓村村民叶富强：

城市更新让村民“旧楼换新屋”

广州市教育局：

多渠道增加公办幼儿园资源

花都区狮岭镇镇长谢英俊：

打造乡村生态旅游片区

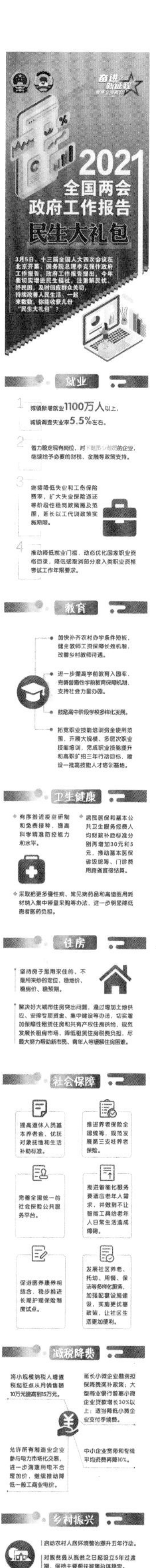

3月

刊发时间
2021年
3月5日
至11日

《字画两会》

一笔一画尽是两会热点

作品呈现形式：

漫画海报

作品简介：

中华文化博大精深，汉字不仅是书写符号，更承载着文明，一个字即可表达多重寓意。同时，新媒体的迅速发展也促使网络语言趋于符号化、概括化。由此，《字画两会》系列创意海报作品在 2021 年全国两会期间推出，每日精选一个关键字，从一笔一画中管窥会议的热点话题和亮点。作品着眼于汉字本身的释义以及作为图像的解码，一方面纵观当天报道，归纳总结并选取合适的关键字，力图贴近要点、概括重点；另一方面配合文字拆分设计，将图画融入横竖撇捺中，赋予汉字本身不具备的更多含义。如关键字“景”，配合代表农业的稻穗、代表工业的齿轮、代表科技的航天火箭和芯片等，生动勾勒出《中华人民共和国国民经济和社会发展第十四个五年规划和 2035 年远景目标纲要（草案）》中所描绘的未来蓝图。汉字、图画共同构成的创意表达新闻海报，在全国两会期间连载，字字有深意，使读者在短时间内获得大量信息，受到网友持续关注。（陈雅诗）

关键字：开
奋进2021新征程
聚焦全国两会
开
2021年全国两会
是我国进入新发展阶段
首次召开的全国两会。
今年是“十四五”开局之年，
“十三五”规划圆满收官，
全面建设社会主义
现代化国家新征程
已经开启。
字画两会
新花城
广州日报
广州日报全媒体编辑中心出品
统筹：杨明 徐锦昆 设计：杨晓明 文案：李琳

关键字：景
奋进2021新征程
聚焦全国两会
景
“十四五”规划和2035年
远景目标纲要草案来了
这份沉甸甸的蓝图里
有老百姓的衣食住行
也有大国重器
勾勒出大国发展的澎湃图景
为14亿中国人民积蓄新愿景、正能量
字画两会
新花城
广州日报
广州日报全媒体编辑中心出品
统筹：杨明 徐锦昆 设计：杨晓明 文案：李琳

关键字：六
奋进2021新征程
聚焦全国两会
6%
六
经济增长目标是一个量化数据，
也是一个具有象征意义的风向标。
国内生产总值增长6%以上，
是今年发展预期目标之一，
充分考虑了必要与可能、
已知优势和未知风险，
向世界表达了
推动经济持续复苏的决心信心。
字画两会
新花城
广州日报
广州日报全媒体编辑中心出品
统筹：杨明 徐锦昆 设计：杨晓明 文案：陈雅诗

关键字：新
奋进2021新征程
聚焦全国两会
新
今年全国两会期间
5000多名代表委员共商国是
为14亿中国人民谋定新图景
准确把握新发展阶段
深入贯彻新发展理念
加快构建新发展格局
站在历史的交汇点上
以全国两会为新起点
共启春天里的新征程
字画两会
新花城
广州日报
广州日报全媒体编辑中心出品
统筹：杨明 徐锦昆 设计：杨晓明 文案：李琳

关键字：民
奋进2021新征程
聚焦全国两会
民
施行三十多年后
全国人大组织法和全国人大议事规则将迎来修改
“全过程民主”拟写入法律
同人民保持密切联系，倾听人民的意见和建议
始终坚持体现人民意志，保障人民权益……
“法与时转则治，治与世宜则有功”
人民当家作主不断焕发出新生机
字画两会
新花城
广州日报
广州日报全媒体编辑中心出品
统筹：杨明 徐锦昆 设计：杨晓明 文案：李琳

3月
刊发时间
2021年
3月5日
至12日

"云桌会"系列报道

集思广益，同力谋划未来

作品呈现形式：

报纸版面

作品简介：

2021年是中国共产党成立100周年，也是"十四五"开局之年、全面建设社会主义国家新征程起步之年。2021年3月，在全国两会召开期间，广州日报推出6期7个版的"云桌会"系列报道，聚焦"乡村振兴""扩大内需""'十四五'规划纲要草案""粤港澳大湾区建设""疫情防控""生态文明"等热点，邀请代表委员、专家学者和一线工作者展开热议。在选题上，紧扣国家重大战略和宏观经济政策，如"乡村振兴""扩大内需"等，紧盯新目标、新任务，如"碳达峰""碳中和"，同时立足广东广州，关注民生热点。每一期报道上接天线，下接地气，让大家在畅所欲言中凝聚共识，在集思广益中明确方向，同力谋划未来，在新征程上阔步前行。(林燕)

全国两会·云桌会

让乡村经济火起来

全国两会·云桌会

用好"新"字诀 消费"活"起来

全国两会·云桌会

加强协同发展 释放"湾区红利"

“云桌会”邀请多个大湾区城市主官畅谈发展新动向

抢抓大机遇 谋划大发展

政府工作报告提出，“十四五”期间，要扎实推动粤港澳大湾区建设。《粤港澳大湾区发展规划纲要》公布两年多以来，粤港澳大湾区建设不断推进，各市抢抓发展机遇，加速协同发展。本期云桌会，广州日报邀请珠海、佛山、东莞、江门等大湾区城市主官畅谈深度融入大湾区、“十四五”开局、全面推进乡村振兴等热点话题，展现大湾区各地发展的最新动向。

统筹/广州日报全媒体记者黄健源

文/广州日报全媒体记者黄健源、刘艺明、汪万里、黄文生、陈治家

抢抓机遇 深度参与大湾区建设

主持人：政府工作报告提出，要扎实推动粤港澳大湾区建设。各市如何抢抓粤港澳大湾区建设重大发展机遇，进一步深度融入大湾区？

构建粤澳共商共建共管共享体制机制

珠海市市长姚奕生：我们将主动对接和落实国家、省对于横琴发展的部署要求，切实发挥好主体作用，举全市之力为服务“一国两制”大局作出珠海努力和珠海应有贡献。

一是构建新机制。推动构建粤澳共商共建共管共享体制机制，统筹横琴粤澳深度合作区的重大规划、重大政策、重大项目，和澳门一起做好国际推介、招商引资、产业导入、项目建设、人才引进。发挥横琴与澳门的硬联通优势，深入推进规则衔接、制度对接，打造要素跨境高效便捷流动、逐步与澳门衔接的营商环境。二是拓展新空间。我们将发挥好横琴的空间和政策叠加优势，加快构建“横琴空间+澳门资源+优秀人才+高新科技+政策支持+成果共享”的新发展模式，高标准建设粤澳合作产业园，粤澳合作中医药科技产业园等重大平台，大力发展高新科技、特色金融、医疗健康、文旅会展、跨境商贸、专业服务六大产业。三是丰富新内涵。我们将进一步便利澳门居民特别是青少年在横琴学习、实习、就业、创业、居住，营造澳人澳企愿意来、来了适宜发展的环境。

构筑开放型经济新优势

佛山市市长朱伟：佛山将抓住“双区”建设、“双城联动”等战略机遇，加强城市互促互进，在合作中发展壮大自己，构筑开放型经济新优势。

一是争创更多广佛全域同城化标志性成果。加快建设广佛荟等同城化地标项目，强化广佛创新极点效应，共建万亿级产业集群，推动“1+4”广佛高质量发展融合试验区建设取得重大进展。积极推进基础设施互联互通，确保番海大桥、广佛肇高速全线建成通车，加快广佛出口放射线二期工程（南海段）等项目建设，推动地铁2号线与广州南站衔接，力争广佛新干线高快速路复合通道、广佛同心桥等项目开工建设。二是精准推动“深圳科技+佛山智造”优势互补。加快建立深佛产业合作专区，推进深圳科技园佛山科创园、顺深产业城等项目建设，争当深圳开拓西部的重要腹地和科技外溢的承载地。三是深入实施“湾区通”工程。加快推进粤港澳合作高端服务示范区、粤港澳协同发展合作区、大湾区影视产业合作试验区等平台载体建设，深化与港澳经贸合作。

构建引领创新发展的人才支撑

东莞市委书记梁维东：东莞将坚持创新在现代化建设全局中的核心地位，坚持科技自立自强，深度参与大湾区国际科技创新中心和广深港澳科技创新走廊建设。其中，我们将举全市之力参与建设大湾区综合性国家科学中心，落实与中国科学院合作共建松山湖科学城，推动大科学装置合作共建和开放共享。同时，加快打造大湾区科技成果策源与转化主阵地，特别是加快形成新型举国体制东莞模式，健全政府引导、社会多渠道参与的投入机制，发挥金融资本在科技研究早期突破的关键作用。

此外，东莞还将构建引领创新发展的人才支撑，完善人才政策体系，构建高品质低成本的宜居宜业宜创环境，在吸纳海内外高精尖人才方面实现更大突破。加快建设大湾区大学、香港城市大学（东莞）等项目，支持东莞理工学院高质量建设新型高水平理工科大学示范校，为科学人才提供更多扎根发展、施展才华的空间。

深化与大湾区中心城市合作

江门市市长吴晓晖：江门将全面融入“双区”建设，深化与粤港澳大湾区中心城市的合作，携手共建国际一流湾区和世界级城市群，推动经济社会高质量发展。

我们主要从三个方向谋划：一是加快建设特色鲜明、功能互补、具有竞争力的重要节点城市。以大湾区基础设施“硬联通”为抓手，加快融入大湾区“1小时城市圈”。持续推动“软联通”，以“湾区通”工程为牵引，推动与港澳规则衔接、机制对接。打造特色平台“强支撑”，加快建设粤港澳深度合作发展试验区。二是推动江港澳协同发展。深化科技创新合作，加强与重大创新平台的对接。拓展产业合作空间，打造面向港澳居民和世界华侨华人的引资引智创业创新平台。三是全面对接广深“双城”联动。主动承接深圳制造业转移和高端服务功能溢出，促进珠江口东西两岸融合发展。加强与广佛产业合作，深入推进珠江西岸先进装备制造产业带建设。

声音

我们将立足珠海的新地位、新方位、新定位，紧紧扭住能级量级和枢纽功能两大方向，加快建设澳珠一极，努力建设枢纽型核心城市和现代化国际化经济特区。

——珠海市市长姚奕生

佛山将抓住“双区”建设、“双城联动”等战略机遇，加强城市互促互进，在合作中发展壮大自己，构筑开放型经济新优势。

——佛山市市长朱伟

今年，东莞将继续坚持把城市品质提升作为基础工程来抓，坚持创新在现代化建设全局中的核心地位，把加快培育壮大发展新动能摆在更加突出位置。

——东莞市委书记梁维东

在推进粤港澳大湾区建设上重点强化枢纽地位、平台建设、创新驱动、交流合作四项工作，以新担当、新作为确保“十四五”开好局、起好步，奋力打造珠江西岸新增长极和沿海经济带上的江海门户。

——江门市市长吴晓晖

立足大湾区 谋划“十四五”发展

广州日报：2021年是“十四五”开局之年，各市如何结合粤港澳大湾区建设，谋划“十四五”发展？

打造若干个千亿级产业集群

珠海市市长姚奕生：“十四五”时期是珠海实现从“小而美”向“大而强”“大而优”转变的关键时期。我们将紧紧扭住能级量级和枢纽功能两大方向，加快建设澳珠一极，努力建设枢纽型核心城市和现代化国际化经济特区。其中，珠海要打造集成电路、生物医药、新能源、新材料、高端打印设备等若干个千亿级产业集群；在推动粤港澳三地规则衔接和体制衔接机制“软联通”上率先破题；推动高铁、地铁建设取得实质性突破，争取一年建成一条市内跨区域通道；居民收入增长和经济增长基本同步，东西部公共服务均衡发展；成为最安全稳定、最公平公正、法治环境最好的地区。为完成“十四五”各项目标任务，珠海将在经济发展更加高质量、改革开放更加全面深入、珠澳融合更加紧密、城市功能更加强大、人民群众生活更加幸福、治理效能更加显著六个方面实现新提升。

让制造业成为高质量发展最有力支撑

佛山市市长朱伟：“十四五”时期，佛山经济社会发展的目标定位是：粤港澳大湾区极点城市、全省地级市高质量发展领头羊、面向全球的国家制造业创新中心。我们将具体从以下方面努力：一要让制造业成为高质量发展的最有力支撑。坚定不移把发展经济着力点放在以制造业为主体的实体经济上，加快建设制造强市。二要建设具有全球影响力的先进制造业技术创新中心。坚持创新在现代化建设全局中的核心地位，大力推进科技创新强市建设。三要以更大魄力在更高起点上推进改革开放。加快构建市场化法治化国际化营商环境，塑造国际合作和竞争新优势。四要以城乡融合发展推动空间重构和形象重塑。加快提升城市形态功能品质，全面推进乡村振兴，推动破旧低效村级工业园退出历史舞台。五要形成共建共治共享的民生发展新局面。六要建设更高水平的平安佛山、法治佛山。

全力提速都市核心区建设

东莞市委书记梁维东：进入“十四五”开局之年，东莞将继续坚持把城市品质提升作为基础工程来抓，坚持创新在现代化建设全局中的核心地位，把加快培育壮大发展新动能摆在更加突出位置，为经济高质量发展全面赋能，全力当好广东地级市高质量发展的领头羊，打造成为广东高质量发展名片。具体来说，东莞将全力提速都市核心区建设，努力让城市每年都有新变化新惊喜。将对标国际一流城市的高标准、高品位，以中心城区、松山湖、滨海湾新区“三位一体”都市核心区建设为抓手，重点把握中心城区“一心两轴三片区”、松山湖科学城、滨海湾新区以及火车站港口等城市重要门户节点的城市设计，打造设施全、交通畅、空间美、特色显的高品质魅力城央，打造全市城市品质标杆。

进一步发挥好珠西综合交通枢纽作用

江门市市长吴晓晖：今年，江门将在重点强化枢纽地位、平台建设、创新驱动、交流合作四项工作中，以新担当、新作为确保“十四五”开好局、起好步，奋力打造珠江西岸新增长极和沿海经济带上的江海门户。一是强化枢纽地位。今年安排交通大会战年度计划投资235亿元，进一步发挥好珠西综合交通枢纽作用，强化江门站始发功能，加快深江铁路、珠肇高铁江门至珠三角枢纽机场段、南沙港铁路及客运改造项目建设，推动珠肇高铁江门至珠海段动工建设，启动广佛江珠城际广州芳村至江门段项目前期工作。二是强化平台建设。高起点规划建设粤港澳大湾区（珠西）高端产业集聚发展区，打造能承载世界级产业集群的一流园区。三是强化创新驱动。深入推进国际科创中心重要承载区建设，加快江门中微子实验站、省科学院江门产业技术研究院等重大创新平台建设。四是强化交流合作。进一步紧密对接大湾区中心城市。

优化城乡发展格局 全面推进乡村振兴

广州日报：2021年中央一号文件提出全面推进乡村振兴，各市在统筹城乡发展、推进乡村振兴方面有何计划？

持续提升城市功能品质

珠海市市长姚奕生：珠海将坚持创新驱动发展，以科技为支撑建设现代化产业体系；扭住扩大内需战略基点，加快融入“双循环”新发展格局；全面深化改革开放，持续增强发展动力和活力；更大力度统筹区域协调发展，不断提高发展平衡性、协调性；持续提升城市功能品质，建设宜居安居的魅力城市；健全基本公共服务体系，持续改善人民群众的生活品质。

乡村“硬环境”“软环境”两手抓

佛山市市长朱伟：站在“十四五”的新起点，佛山将乘势而上、再接再厉、接续奋斗，巩固和拓展脱贫攻坚成果，全面推进乡村振兴，加快农业农村现代化，加快构建农业高质高效、乡村宜居宜业、农民富裕富足的新格局。一是推动巩固拓展脱贫攻坚成果同乡村振兴有效衔接。接续推进省内对口帮扶，继续做好东西部协作工作，深入实施高明革命老区、三水南山侨区特别帮扶计划等，建立完善产业、就业等长效帮扶机制。二是加快农业农村现代化步伐。佛山将坚持深化农业供给侧结构性改革，加快打造一批有影响力的国家级、省级现代农业园区，培育一批有核心竞争力的农业龙头企业，打造一批佛山农产品优质品牌，力争2021年建成7家以上省级现代农业产业园。三是全面实施乡村建设行动。坚持“硬环境”和“软环境”两手抓，从统筹规划、基础设施等方面全面发力，努力建立生态美、风貌美、环境美、风尚美、生活美的美丽乡村。

打造优质生活圈及高品质新型产业社区

东莞市委书记梁维东：东莞将实施镇区环境提升工程，打造优质生活圈及高品质新型产业社区。以15分钟优质生活圈建设为抓手，每个镇街选取若干片区，对公共空间、居住空间进行改造提升，整治道路、改造立面、增加绿化、亮化街区，深入推进背街里巷环境精细化整治，持续提升镇街品质；以乡村振兴为契机，提升乡村环境风貌。全力实施乡村建设行动，加强村庄规划和农房管控，推进村容村貌整治。

探索开展“农业特区”省级试点建设

江门市市长吴晓晖：江门将切实做好巩固拓展脱贫攻坚成果同乡村振兴有效衔接各项工作，加快农业农村现代化，重点做好“三个促进”：一是促进农业高质高效。加快建设粤港澳大湾区（江门）高质量农业合作发展平台，探索开展台山市“农业特区”省级试点建设。新建高标准农田8.62万亩，稳定粮食年播种面积在278万亩以上。二是促进乡村宜居宜业。提升农村人居环境品质，深化“美丽廊道”建设，抓好改厕和垃圾处理。开展农房管控和乡村风貌提升行动。三是促进农民富裕富足。深化乡村振兴综合改革，稳慎有序推进农村宅基地和农房建设管理示范试点，开展经济薄弱村集体经济提升行动，确保2022年底村级集体经营性收入全部达到10万元以上。

《报告！我们这么干》

向总书记报告我们的“作战书”

作品呈现形式：

全媒体特辑、原创短视频、H5

作品简介：

3月7日，在2021年全国两会召开之际，习近平总书记参加广东代表团审议并对广东作出“四个走在全国前列”重要指示三周年当天，广州日报提高站位、踩准节点，推出《报告！我们这么干》8个大版报纸特辑和《@广东人，你有一份“十四五”超强活力待解锁》创意H5、《“十四五”，开干！》原创视频。

报道聚焦广东广州在“十四五”开好局、起好步，从《中华人民共和国国民经济和社会发展第十四个五年规划和2035年远景目标纲要（草案）》《2021年广东省政府工作报告》《2021年广州市政府工作报告》中，分别提炼出国家“十四五”蓝图、广东方案、广州计划，聚焦改革开放、科技创新、现代产业体系、扩大内需、乡村振兴、人民至上、文化惠民七大主题，全面展示广东广州贯彻新发展理念，构建新发展格局，书写新时代奋进的华章，向总书记交出一份奋进新征程的南粤“作战书”；生动展现广东广州牢记总书记嘱托，奋力实现“十四五”开好局、起好步，在全面建设社会主义现代化国家新征程中走在全国前列、创造新的辉煌。报道获得中共中央宣传部和省委宣传部阅评表扬。（石善伟、王菁、汤新颖）

广州日报

报告！我们这么干

广东奋力在全面建设社会主义现代化国家新征程中走在全国前列、创造新的辉煌

向总书记报告：我们勇于担当开新局

向总书记报告：我们争当头雁闯天地

向总书记报告：我们永不懈怠再出发

特别报道在内容上是一份“排头兵”的“作战报告”，在形式上是一份“优等生”的“学习笔记”。在包装设计上，“笔记”形式贯穿始终。每个版面用笔记本的活页、横线做整体背景，“十四五”规划中的亮点以手写字体突出，重要处用红色横线“划重点”，内容图示化，全部采用铅笔手绘形式。书写“新答卷”，内容上精练、厚重；描绘“路线图”，版面上直观、清新。

报告！我们这么干

“十四五”蓝图

【广东方案】

【广州计划】

广州日报

改革开放 干出一番新事业

科技创新 干出一片新天地

广州日报

扩大内需 干出消费新空间

报告！我们这么干

“十四五”蓝图

【广东方案】

【广州计划】

“撸起袖子加油干”“新时代是干出来的”……习近平总书记在多次重要讲话中大力倡导“干”的精神。2020 年 10 月出席深圳经济特区建立 40 周年庆祝大会时，总书记寄语广东永葆“闯”的精神、“创”的劲头、“干”的作风，努力续写更多“春天的故事”。特别报道聚焦于此，以“干”落笔，以“干”贯穿，以“干”点题。特别报道突出“我们”的概念，从“每个人都了不起”生发，每个主题不仅对应专访 5 位人物，其中包括企业家、科技工作者、驻村干部、基层群众等，更包含多位曾经接受总书记接见或与总书记对话过的广东干部群众。他们立足本职工作，讲述“十四五”的谋划、举措、愿景。由“闯”起步，以“创”冲锋，靠“干”加速，他们用自己实干苦干的奋斗担当为广东广州的改革发展大局做出生动注脚。

撸起袖子加油干

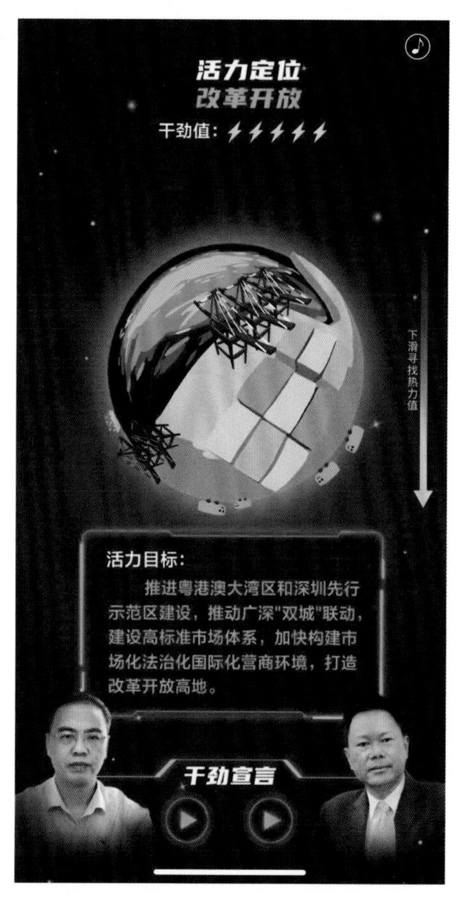

除报纸版面外，广州日报新媒体各平台还同步推出创意 H5 作品《 @ 广东人，你有一份“十四五”超强活力待解锁 》，通过动画特效对“十四五”规划建议重点领域进行场景描绘，展示各行各业在“十四五”开局之年奋发昂扬、干劲十足的状态。作品以互动式视频的形式呈现，让各领域代表人物讲述谋划与行动，同时邀请用户解锁、分享活力值，生动描绘了一幅“我们”在“十四五”开局之年“闯”“创”“干”的“路线图”。原创视频《“十四五”，开干！》同样围绕“干”这个主旨，各行各业干部群众交出“作战书”，向总书记交出了一份昂首踏上全面建设社会主义现代化国家新征程的“南粤答卷”。

《我绘“十四五”》

绝美水墨“画”出美好生活

作品呈现形式：

H5

作品简介：

3月8日，广州日报推出融媒体创意作品《我绘“十四五”》，根据“十四五”规划纲要中对未来五年的规划，对数字生活、城市更新、科技创新、民生福祉、绿色发展、粤港澳大湾区等老百姓密切关注的领域未来发展的描述，用水墨画的形式描绘出未来五年人民美好生活的蓝图。

作品创意来自中国传统神话故事“神笔马良”，使用了“神笔”的概念，采取涂抹式展现的互动方式，用户用手指涂抹空白画面即可展现出精美的图画，深度参与互动，“画出”未来的锦绣画卷。同时，利用“神笔马良”故事中“神笔画画都成真”的故事设定，寓意“十四五”规划中的美好愿景都会在未来变成现实的美好祝愿。

作品别出心裁地用了中国传统水墨画的画风，用写意的手法画出对未来生活的想象和憧憬，同时也展现了一些广东的地标建筑，包括广州塔、港珠澳大桥和南沙港。每一个页面的手绘画面都充满艺术感和想象力，一经发布立刻引得用户刷屏，美到“出圈”。

该系列水墨画还被中共广州市委宣传部选中，制作成社会主义核心价值观系列海报，出现在广州重要地标处和大街小巷。（吴一钒）

我绘十四五

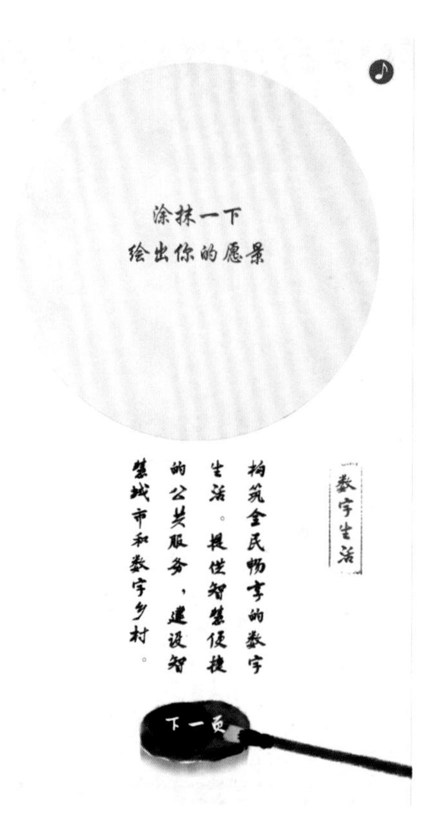

涂抹一下
绘出你的愿景
数字生活
构筑全民畅享的数字生活。提供智慧便捷的公共服务，建设智慧城市和数字乡村。
下一页

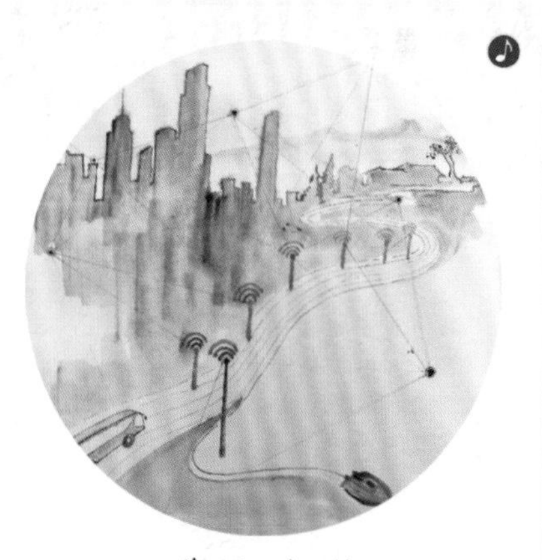

数字生活

构筑全民畅享的数字生活。提供智慧便捷的公共服务，建设智慧城市和数字乡村。

下一页

3月

刊发时间
2021年
3月9日起

《速来！爱豆空降粉丝群，正在发起视频聊天》

“爱豆组团营业”热议两会

作品呈现形式：

H5

作品简介：

全国两会期间，代表委员的议案、建议、提案备受关注，为做好广东代表委员履职和相关的建言献策报道，2021年广州日报全国两会报道组推出“云采访”系列报道，内容包括委员代表说履职、代表说履职VLOG、代表说报告、代表日记、代表谈心愿等近百篇报道。

主题互动H5没有停留在简单的视频合集形式上，而是进行了再创作，以时下流行的“爱豆组团营业”概念，搭建视频通话界面，用吸睛开场视频引导读者点击，用瀑布流的方式呈现“云采访”精品报道，形式让人耳目一新。

H5在视觉设计和互动体验方面都十分生动，“正在进入粉丝群”“花花邀请你进行视频通话”“爱豆组团营业中”等互动提示语，以及“代表喊你去旅游”“代表喊你来当动车组司机”“提交了议案，像学生交完卷一样愉悦”等一系列报道标题，既年轻化又接地气。细节感满满的视频通话界面，“挂断”“接听”“结束通话”按钮齐全，营造沉浸式体验。

作品在全国两会期间全渠道发布，抢占各平台热搜，引发关注，刷屏朋友圈。该作品同时也获得了中共中央宣传部表扬。（陈雅诗、彭姣时）

花花
邀请你进行视频通话
切到语音接听
挂断
接听

看，代表喊你去旅游
广州日报
挂断

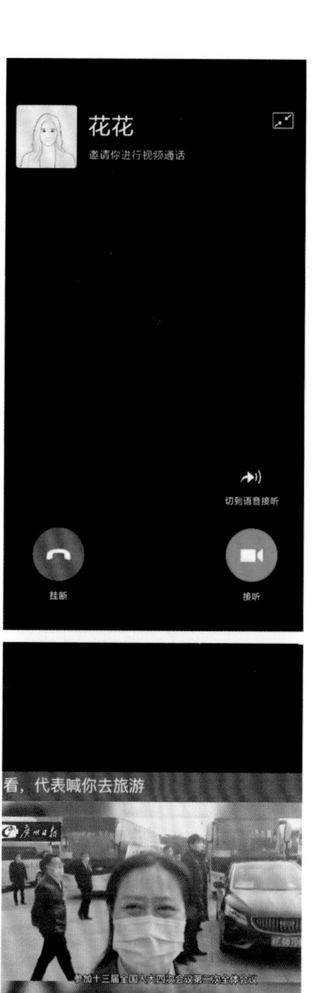

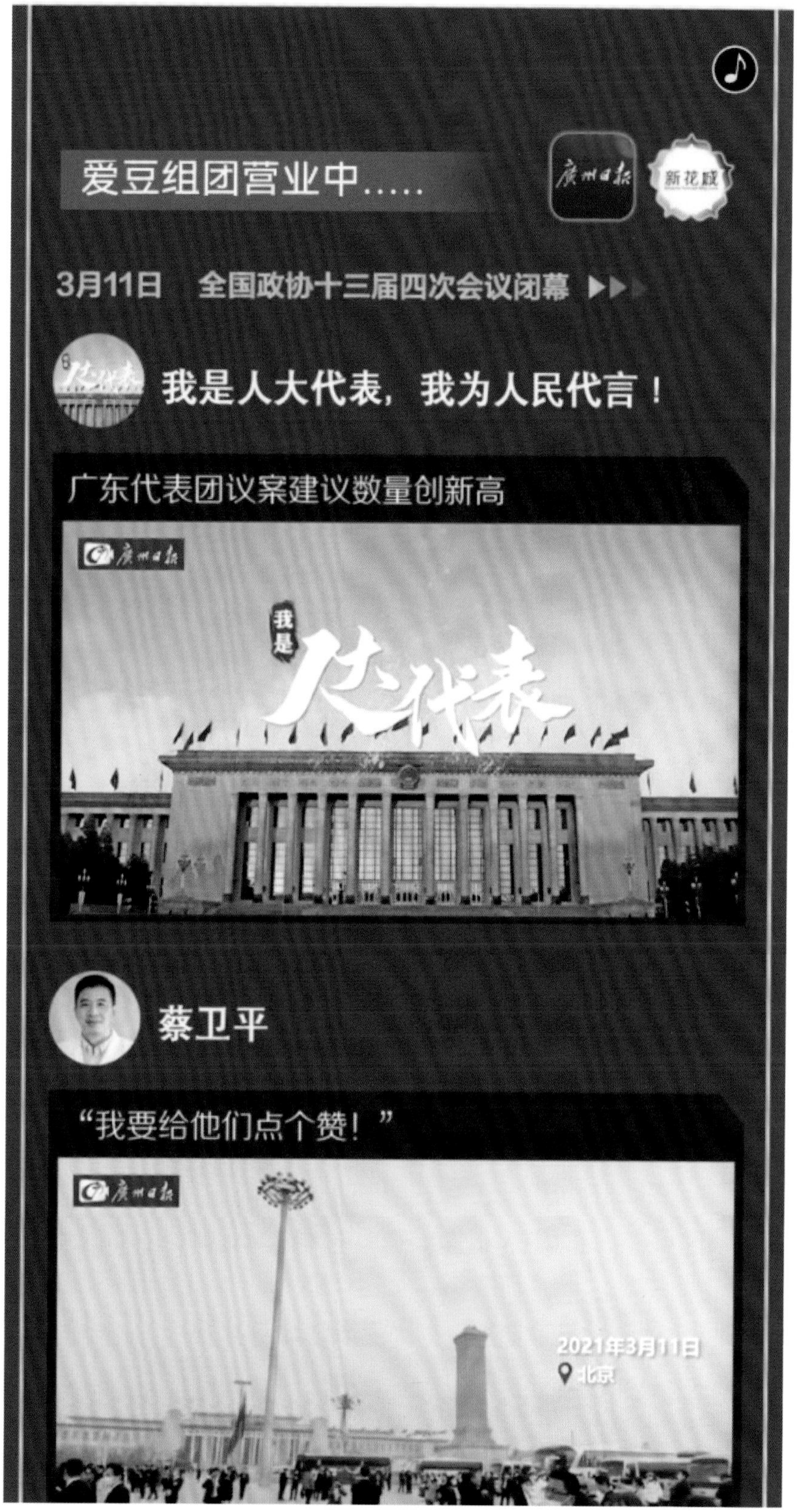

爱豆组团营业中……
广州日报
新花城
3月11日　全国政协十三届四次会议闭幕
我是人大代表，我为人民代言！
广东代表团议案建议数量创新高
广州日报
我是人大代表
蔡卫平
“我要给他们点个赞！”
广州日报
2021年3月11日
北京

3月

刊发时间
2021年
3月9日
至4月20日

“广东红色‘物’语”系列报道

红色文物“讲出”辉煌党史

作品呈现形式：

报纸版面、创意海报、视频

作品简介：

2021年3月9日至4月20日，广州日报推出“跟着总书记学党史”之“广东红色‘物’语”全媒体系列报道。作为建党100周年主题策划之一，报道聚焦习近平总书记提出的“让文物说话，让历史说话，让文化说话” 和“在党史学习教育中用好红色资源”的重要指示，选取8个广州红色史迹和广东其他4个地市红色史迹，派出全媒体记者深入蹲点，以“一件红色文物带出一个红色史迹、一位亲历者（或见证者、知情者等）讲述一个红色故事”的方式，通过“全媒体精品报道＋创意海报＋视频”的形式深入挖掘广东的红色基因，解读精神密码，传承革命精神，凝聚奋进力量。系列报道获得中共广东省委宣传部专题阅评表扬。

广东红色“物”语

康富成烈士佩戴过的瑞士手表

1937年10月，内蒙古大青山革命根据地创建人之一、第六届广州农讲所学员康富成佩戴此块手表，按时准确地组织炸毁了日军大同城北卧虎湾的大型军火库。

相关史迹点：广州农讲所

报道深入挖掘广东在建党百年历史上的红色基因，选取杨家祠、中共三大会址、中共广东区委旧址等12处具有代表意义的广东红色史迹，派出记者蹲点采访，沉下心来扎进各个红色史迹点挖掘、探访。系列报道将学党史和采访有机结合，梳理大量史实资料，采访一批红色历史见证者、参与者，为党史学习教育提供鲜活素材。（王菁、汤新颖）

广州日报 学党史 悟思想 办实事 开新局

跟着总书记学党史

1921—2021

广东红色"物"语

《马克斯主义（一称科学的社会主义）》（之一），刊载在1919年11月11日《广东中华新报》。

马克思主义于此写下华南第一笔

杨匏安在《广东中华新报》发表《马克斯主义》 专家称其具有"耕荒播漠的意义"

"自马克斯氏出，从来之社会主义，于理论及实际上，皆顿失其光辉，所著《资本论》一书，劳动者奉为经典……马氏以唯物史观为经，加之以在英法观察经济状况之所得，遂构成一种以经济的内容为主……"

一件红色文物

广东中华新报

广州西关附近 进步报刊林立之地

一位红色人物

杨匏安

"从兹分手别，对视莫潸然。"

奋斗百年路 启航新征程

广州日报 学党史 悟思想 办实事 开新局

跟着总书记学党史

1921—2021

广东红色"物"语

康富成烈士的手表

该校四分之一学员为革命献身

广州农民运动讲习所培养的学员成为党的战将、骨干 最终汇成红色的革命洪流

一件红色文物

康富成的手表

这块烈士手表见证了一场发生在昔北的扑日奇袭

一位红色人物

赵自选

黄埔一期尖子生 在广东南征北战

一个红色史迹

农讲所纪念馆

党在这里积累了干部培养经验 要既能"上马杀贼" 也能"下马作露布"

奋斗百年路 启航新征程

广州日报 学党史 悟思想 办实事 开新局

跟着总书记学党史

1921—2021

广东红色"物"语

党的纪检监察史从这里发端

中国共产党第一个地方监察委员会成立于越秀区文明路这座3层骑楼中

一件红色文物

中共广东区委监察委员会成立地照片

一位红色人物

陈延年

一个红色史迹

中共广东区委旧址

奋斗百年路 启航新征程

《中国大道 2035》

以路为笔，画出现代化宏伟蓝图

作品呈现形式：

动画视频、报纸版面、H5

作品简介：

为展现“十四五”规划和 2035 年远景目标的美好蓝图，2021 年全国两会期间，广州日报精心策划推出全国两会特别报道《中国大道 2035》融媒体作品，以 100 秒硬核动画视频、报纸跨版等全媒体作品形态，创新性地以“路”切入，通过 10 余种道路交错相连并最终汇成“中国大道 2035”金光之路的独特创意，生动描绘奋进全面建设社会主义现代化国家新征程的宏伟图景，抒发中华神州坚定走好中国道路的强大自信和美好憧憬。

主题上，作品以“路”的概念作为脉络，串联起基本实现社会主义现代化的美好画面，通过对宏大新闻主题充分艺术化的表达，编织了一幅迈向社会主义现代化的“路线图”。形式上，硬核动画融合动态图形（MG）动画和逐帧动效，在画面转场设计了多个场景的拉伸和嵌套过场，使得一条条道路在 100 秒内灵动地变换和串联，潮流酷炫；报纸跨版融合了 15 条各类道路和 150 多个手绘画面，横跨乡村、城市、太空、海洋、社区等多个场景，别出心裁地给读者呈现了一幅现代化建设新图景。

《中国大道 2035》主题融媒体作品凝聚了广大读者和网友奋进新征程的强大力量，抒发了中华神州坚定走好中国道路的无比自信。主题融媒体作品在广州日报微信公众号等平台获得超 10 万阅读量，同时经广州日报全媒体平台发布后，引发圈群刷屏和广泛传播，人民日报客户端、学习强国总台、人民网、环球网、瞭望新闻客户端、中国网客户端等央媒平台，陕西电视台等外地媒体和新浪广东、凤凰网等商业媒体纷纷转载，《澳门日报》《莲花时报》等媒体平台也进行转载，辐射全球传播。网友纷纷留言评论，表示深受鼓舞，并且表达了自己对 2035 年的期许。同时，作品获得 2021 年度广东新闻奖一等奖。（何超）

中国大道
2035

广州日报
6-7
中国大道2035
5G
找找看

3月

刊发时间
2021年
3月23日
至29日

“跟着总书记学党史”学习排位赛

党史知识有奖答题活动

答题赢彩蛋　线上掀热潮

作品呈现形式：

全媒体传播活动

作品简介：

为贯彻落实习近平总书记“要推动党史学习教育深入群众、深入基层、深入人心”的重要指示精神，广州日报精心组织“跟着总书记学党史”“三深入”系列传播活动，掀起广大党员干部齐参与、线上线下一起学的热潮。

从2021年3月23日，即党的百岁生日倒计时100天起，连续七天，新花城客户端上线“跟着总书记学党史”学习排位赛党史知识有奖答题活动，由中共广州市委党史文献研究室专家协助出题，通过生动活泼的形式，让广大市民和网友在答题闯关中学习百年党史，重温光辉历程，抽取学习彩蛋。为配合活动宣传，各新媒体平台每日发布《看图猜地名　答题赢大奖》答题海报，将党史中的重要历史事件用“猜地名”的形式呈现，现实与用户有效互动。

截至3月29日活动结束，排位赛吸引超过20万人次参与，在羊城掀起党史学习教育热潮，带动新花城客户端增粉7万多。海珠区、荔湾区等区还发布通知，动员基层街道党员干部群众参与学习答题，一些大型国企更是动员党组织党员参与学习答题，在企业内部开展排位评比。（汤新颖）

4.3 奖 0.2

4.4 手机 0.25

4.5 往下看 0.3

4.6 都看到这了 0.4

4.7 扫 答个题呗 0.5

4.8 5道题博5G新手机 0.6

4.9 3月23日–29日7天连送 0.8

5.0 答题闯关学党史只等你来 1.0

《财源“广”进》

亮出千年商都“吸金体质”

作品呈现形式：

报纸版面

作品简介：

从2015年举办至今的国际投资年会，已经成为广州一年一度的“投资盛宴”。2021中国广州国际投资年会举行当天，广州日报推出《财源“广”进》特别报道，聚焦打造最高最好最优营商环境，构建更具竞争力的现代产业体系，全景展现“十四五”开局下的广州新发展、新活力、新商机。

《财源“广”进》特别报道，一份主打地方招商引资、展示发展成就的特刊，如何才能扭转普通政务报道的内容劣势，做到出新出彩、有声有色？

首先，特刊在内容上“四两拨千斤”。特刊除封面文章外，组织记者围绕“领航新发展·澎湃新活力”的年会主题，分别撰写“新发展”“新活力”两篇精品综述文章，讲好广州推进高质量发展、发力营商环境改革的举措和成效，并将两篇文章集中在一个版面上作为内容引领，带动多篇专题报道。各个专题版面在报眉以“新发展”“新活力”“大‘局’观”“大‘区’势”“大湾区”等冠名统领，将广州及大湾区周边城市各区局街的成绩纳入报道框架，点线面条理分明，整个报道浑然一体。

其次，在版式上“广”味十足。广州城市因水而生、因水而兴，很多老广都认为水为财、富有鱼，封面创意就由此生发。封面上金色铺底，江水澎湃，一桥飞架，鱼跃龙门，搭配三塔等广州地标元素，寓意千年商都炼成“吸金体质”，五湖四海携手共享广州新商机。别具一格的版式设计贯穿整个特刊，不但契合“领航新发展·澎湃新活力”年会主题，更与“财源‘广’进”的题目相映成趣，成了整个报道的加分项。（石善伟）

3
2021年3月30日
星期二
责任编辑：占豪剑
美术编辑：万新晨
廣州日報

财源广进

2021中国广州国际投资年会今日举行

中国珠江之畔，经济南风强劲。

四海宾朋云集，共襄财经盛会，第七届中国广州国际投资年会如期召开。历经新冠肺炎疫情期间延宕，在这个春暖花开季节如约而至，殊为难得。

踏上新征程，一起"犇"梦想。作为"十四五"开局中国广州首场国际投资年会，首次扬帆出海，在四大洲6座城市设置海外分会场，五湖四海携手共享新商机。

创新到广州，投资到广州，发财到广州！

一

历史机遇对广州格外垂青。

唐朝时期，广州港享对外贸易之机而繁华，"外国之货日至，珠、香、象、犀、玳瑁，奇物溢于中国，不可胜用"；近现代时期，广州得改革开放风气之先，创下无数个体制机制破冰的"全国第一"，为我国主动打开国门、快速融入世界探索了宝贵经验；迈进新时代，广州迎来城市集群化发展新机遇，打造粤港澳大湾区核心引擎，布局发展战略性新兴产业，融入世界经济大格局。

唯奋楫者乃可破浪前行，唯把握大势方能勇立潮头。因此，广州总能尽享先机，在大变局中披荆斩棘，脱颖而出。

伟大思想为发展定锚指向。习近平总书记在"十三五"时期两次亲临广东视察，亲自为广东工作定向导航，明确要求广州加快实现老城市新活力，在综合城市功能、城市文化综合实力、现代服务业、现代化国际化营商环境方面出新出彩。

关心厚爱山高水长，砥砺奋楫乘势而上。广州坚定不移贯彻新发展理念，努力探索引领新时代老城市高质量发展之路。过去几年，广州发挥独特优势，成功举办了历届中国广州国际投资年会。根据华南美国商会发布的《2020中国营商环境白皮书》和《2020华南地区经济情况特别报告》，过半受访企业这样评价："中国是世界三大投资目的地之一，广州为投资首选目的地。"

国际商事的发展轨迹，往往蕴藏发展背后的"财富密码"，也预示着未来机遇。回首中国广州国际投资年会的历程，与"十三五"时期广州的发展密不可分。站在"十四五"开局的新起点，我们在时代的纹理中解锁财富的源头活力，把握高质量发展的新机遇。

二

"一个人生命中最大的幸运，莫过于在他年富力强的时候，发现了自己的使命。"这句茨威格的名言，也正是广州的"内心独白"。高质量发展的时代使命，迫切要求广州在改革开放基础优势上，澎湃新活力。

不是猛龙不过江。敢吃螃蟹的广州再挑担子，充分发挥国家中心城市和综合性门户城市引领作用，对标最高、最好、最优，牢牢把握"双区"建设、"双城"联动重大历史机遇，坚持高质量发展，为强产业、促消费、稳投资开足马力。

产业强，则活力新。作为一座传统产业发达的城市，广州产业体系完整、门类齐全，如大树成荫。背靠大树育沃土，广州"左手"瞄准传统优势产业数字化转型，提升效能、"起跳摘桃"；"右手"调动市场无形之手，在人工智能、生物医药、新能源、新材料等战略性新兴产业领域"播下种子"。产业蝶变，城市新生。2020年广州GDP突破2.5万亿元。韧性十足的市场增长，既检验了产业结构转型调整的成色，又为城市注入了新活力。

消费旺，则城市富。广州释放消费力量总是快人一步。当全球经济面临疫情考验，广州消费率先恢复至疫前水平，并拉动升级类商品快速增长。回暖与升级同行并进，只是广州以消费带活经济的一个缩影。为了提振消费，广州真的很"拼"：首店经济、夜间经济、网红经济……当下，广州更打开全球消费视野，打造引领华南、辐射全国、面向全球的综合型国际消费中心城市，让消费旺起来、人气火起来、经济活起来，为高质量发展释放"富能量"。

投资稳，则产业安。稳投资，广州自有"揽金术"——这边厢，瞄准居民反应强烈的领域补短板；那边厢，聚焦关键领域和薄弱环节强优结构。近两年，广州工业投资连年突破千亿大关。目前，有309家世界五百强企业在广州投资。今年，"全球招商机制""引进总部和头部企业""优化外商投资促进和服务体系"纳入政府工作清单。广州的新老朋友纷至沓来，就业民生持续向好，居民心安即乡，幸福"稳"了。

三

一枝独秀不是春，百花齐放春满园。如何把国际朋友圈做大，广州面临"好上加好"的课题。在国家营商环境评估中，各项指标广州均获评标杆，政务服务指标排名全国首位，综合评价居全国城市前列；在世界城市名册公布的全球城市分级排名中，广州跻身第一梯队，跃居全球一线城市。

棋局对弈，落子何处？"要深刻认识'营商环境没有最好、只有更好'，坚持问题导向，对标国际一流，抢抓建设国家营商环境创新试点城市重大机遇，持续推动现代化国际化营商环境出新出彩，为广州高质量发展提供支撑。"广州下足绣花功夫，推动营商环境改革不断取得新成效，在新格局中奋楫新发展。

广州有一个创业故事。7年前，几名年轻人从美国中断学业，加入创业热潮。正如其他"一无所有"的创业者一样，他们想让梦想照进现实，就得去叩开一扇扇门。广州，为他们打开了大门。各级党委政府协调联络，工商联牵线搭桥，技术学院合作代培……吹自于2014年夏季达沃斯论坛的"双创"之风，终在珠江畔见证开花结果。广州的暖企之心，更是把这一个案优势发挥到极致：不久后，《广州市优化营商环境条例》通过，并在全国首创"开放创新"一章，从制度上保障"人人可享营商环境""人人都是营商环境"。

这只是故事的前半段，后半段叫"处处优化营商环境"。在广州，"一件事一次办""只进一个门就能办成事"蔚然成风。"穗好办""穗智管"等"穗"系列政务服务，更是把不必出门的事办好、把不必办的事省掉。看似信手拈来，背后都是功夫。下了多少功夫？"营商环境"这个词在今年广州政府工作报告中出现了9次，广州的营商环境改革正迈入4.0时代。

一壶营商环境改革的"工夫茶"，烹出近悦远来的大文章。近年来，广州尽地主之谊，为中外客商办成了许多大事，办好了一批难事，办妥了不少急事。千年商都的好客之道，刻在基因里，传在口碑中。有朋自远方来，留人留心，更留深情。

四

历史，总能在一些特殊的旅程中给人们以振奋斗志、昂然前行的力量。

进入新发展阶段，站在"两个一百年"奋斗目标的历史交汇点上，广州再展宏图。云山珠水的秀美风光享誉全球，新旧中轴竞相演绎老城市的活力繁荣，白云国际机场旅客吞吐量跃居全球第一，5G网络将为智慧城市打造"神经传导系统"。

广州更加步履坚定，拥抱四海宾朋，奋楫开放之舟，高质量推进实现老城市新活力、以"四个出新出彩"引领广州各项工作全面出新出彩，以走在前列的实际行动和工作成效为全国全省发展大局作出贡献。

欢迎来到枢纽之城、创新之城、智慧之城、品质之城！

千年商都，繁华日盛。新篇起笔，邀您共赋！

（广州日报评论员练洪洋、刘冉冉）

图@视觉中国

肆

《那时他们的青春，至今依旧风华正茂！》

精美手绘互动，再现百年英魂

作品呈现形式：

手绘互动海报

作品简介：

2021年清明节当天，广州日报推出《那时他们的青春，至今依旧风华正茂！》致敬百年英烈主题作品。作品运用细腻的手绘插画设计手法，回溯了陈延年和陈乔年兄弟、赵一曼、黄继光、王伟、卫国戍边烈士、王烁、李世全等党员英雄的动人故事和感人语录，再现了百年来一批批英雄的伟大英魂。一个个插画人物的坚定眼神，一个个震撼人心的年龄数字，无不让用户读者动容。同时，作品设计富有巧思，以物件为线索串联整体效果，通过白衬衫、诀别信、行军水壶、战斗机、石碑、口罩、泡面工作餐等物件为切入口和线索，讲述党员英雄们的生平故事，让用户通过这些物件，打开关于英雄们的记忆，直面他们的肺腑心声。作品立意高远，界面设计精巧，以艺术化创作凸显英魂品质，彰显了百年来共产党员的崇高品质和伟大精神，凝聚起了强大的爱国爱党情怀和奋进前行的精神动力。

作品发布后，引发广泛圈群传播，中共中央宣传部表扬作品主题突出、表达手法创新，作品还受到省市宣传部门表扬。由于界面效果和表达方式贴近青年群体的阅读习惯，作品在青年群体中传播得尤其广泛，成为面向广大青少年的爱国主义教育的网络传播精品。年轻网友纷纷留言表示深受感动，并向英烈们致以崇高敬意："英雄永远年轻！""祖国今天的繁荣是先辈们用命换来的！""英烈们永垂不朽！"（何超）

致敬百年英烈

卫国戍边烈士
李世全
陈延年、陈乔年
黄继光
赵一曼
王 烁
王 伟

陈乔年
牺牲时仅26岁
陈延年
牺牲时仅29岁

赵一曼
牺牲时仅31岁

李世全
生命定格在52岁
“工作还要一直干，
泡面还要一直备着啊。”

王烁
殉职时仅36岁

“清澈的爱，只为
中国！”
陈红军牺牲时仅33岁
陈祥榕牺牲时仅18岁
肖思远牺牲时仅24岁
王焯冉牺牲时仅23岁

黄继光
牺牲时仅21岁

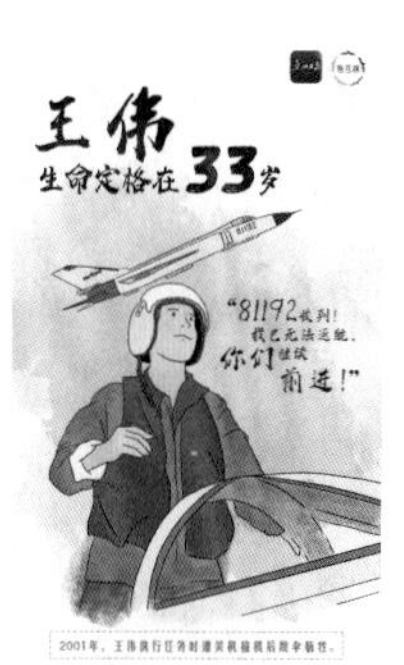

王伟
生命定格在33岁

致敬百年英魂

刊发时间
2021年
4月12日起

"花儿为什么这样红"系列报道

名花名景说名城

作品呈现形式：

报纸版面、短视频、H5

作品简介：

为了在庆祝建党100周年"奋斗百年路 启航新征程"统一主题下全力做好重大主题宣传，以高站位、精策划提升主流媒体"四力"，根据上级要求，广州日报特别策划"花儿为什么这样红"全媒体系列报道，以广州重要地点、建筑的名花故事为切入口，通过花城花语展现广州颜值，讲好广州故事。

该系列报道从2021年4月12日至7月26日共推出10期。开篇通过美文《花城花美 美在奋进》展现广州在四季盛放中的城市品格——花城花美，美在城，美在人，美在不断奋斗的精神。然后，《红似染，人道木棉雄》以市花作为总起，聚焦中山纪念堂的"木棉王"，春日花开时烂漫，春末落英时壮丽，象征着花城人奋发向上的精神。

第三期《水绿山蓝花似锦，不负春光》同样具有代表性，通过展现春天宫粉紫荆的灿烂美景，反映出"十三五"期间，广州深入践行"控源、截污、清淤、补水、管理"的治水思路，水环境质量发生了根本性转变。河流碧波荡漾，两岸鲜花盛开，空气清新怡人，城市充满魅力。

为生动展现名花、名景、名城之美，该系列报道每期均配发专题短视频，并在收官之际推出精美H5作品《桃源胜景广州寻》，让受众从动态画面中全方位感受花城的动人之处。

系列报道一推出就备受关注。其中，《红似染，人道木棉雄》《记忆中的"盛夏甜蜜"》《万千芳华，绚烂华南植物园》等报道登上学习强国平台，收获不少受众点赞。（梁倩薇）

广州日报 2021年4月12日 星期一 100 奋斗百年路 启航新征程 5

花儿为什么这样红 (1)

开栏语

广州是花城。花，是这座城市的颜值，也是城市品格与精神的体现。从今天起，广州日报特别策划推出《花儿为什么这样红》全媒体报道，从重要地点、建筑的名花故事入手，以花城花语讲好广州故事，展现大美广州在流转岁月中变换春华秋实，在新时代继续开拓奋进，日新月异。

花城花美 美在奋进

花城花美，美在无时不开。

岭南春来早，一月北方尚且料峭时，广州的樱花已经绚烂在枝头，如雪似霞，这是春在吹响号角。三月木棉、宫粉紫荆点燃全城，木棉热烈刚直，宫粉紫荆娇俏明媚，黄花风铃木、杜鹃花、兰花、禾雀花……竞相怒放，奏响春的乐章。随后，凤凰木惊艳登场，叶如飞凰之羽，花若丹凤之冠，启动华彩之夏。六月荷花，七月紫薇，八月向日葵，九月赏玫瑰，一树树风姿飒爽，一枝枝浅吟低唱。进入十月，广州的簕杜鹃犹如魔法让普通的天桥和道路瞬间惊艳了世界。秋天的广州，粉色花海让广州沉浸在梦幻之中，那是满城的美丽异木棉明媚着岁月。冬天的广州依然花香倾城，十里梅林，清雅浪漫。花开四时，一年365日，日日有花赏，处处闻花香。

花城花美，美在无处不在。

大美广州，皆是花海。看木棉花，可以到中山纪念堂、越秀山五层楼、人民桥、陵园西路等地，赏宫粉紫荆，华南农业大学、麓湖、海珠湖、花都湖、白云新城和大学城都是好去处，烈士陵园、荔湾湖公园有成片的荷花湖，公园路边常见紫荆花开，簕杜鹃装点的人行天桥、立交桥是广州秋天最亮丽的风景线。流溪河国家森林公园和萝岗香雪公园则是赏梅的最佳点……其实，在广州，不用刻意去找寻花开的地方，街头巷尾，走着走着不经意就邂逅了一枝枝绚烂的花。美丽深入到城市的每一寸肌理，惊艳早融入寻常。广州城就是如此热情又如此淡定。

花城花美，美在包容创新继往开来。

花儿为什么这么红？因为每一朵花开，都饱含着广州这个城市的丰富滋养。花儿为什么这么美？因为开放包容、敢为人先、务实创新的城市精神为鲜花满城提供了活力之源。作为千年商都，广州拥有雄厚的商贸业、制造业基础和开放包容的文化基因，可谓姹紫嫣红百卉竞秀，历史的风起云涌也撰写了无数传奇。

花开延绵，继往开来。国际资本、高科技企业和高端人才涌入，让广州更加长风破浪，直挂云帆。沿着经济"高质量"和环境"高颜值"协同并进之路，广州不仅进入世界城市体系排名第一梯队，更是获评中国最具幸福感的城市。

美好生活如花绽放。你看那木棉热烈奔放，你看那凤凰木大气磅礴，你看那黄花风铃木明朗灵动，你看那紫荆花温馨和谐……千枝并发、万蕊竞芳、延绵不断、随处可见。

花城花美，美在城，美在人，美在不断奋斗的精神。

文/广州日报全媒体记者孙珺

美图征集

拍广州花卉，说广州故事，《花儿为什么这样红》栏目诚邀你来共同参与——如果你拍摄了广州的木棉、凤凰木、波斯菊、紫荆、睡莲、簕杜鹃、鸡蛋花、蓝花楹、玫瑰、向日葵、荷花以及缤纷花海的美图，欢迎向我们投稿，详情请见广州日报视觉微信公众号GZphotos，入选作品将不定期发布。

红似染，人道木棉雄

广州中山纪念堂东北角350多岁的"木棉王"是广州最老的木棉树。

木棉花开，一幅多彩的春日画卷在广州展开。

火红的木棉与中山纪念堂的蓝色瓦顶相映，如诗如画。

广州东山湖公园，九曲桥旁的木棉花如烈焰燃烧。

海珠桥畔木棉绽放。

木棉花，闪烁着朝气蓬勃、积极向上的广州精神。

木棉赏花点

花期：3月-4月

广州道路赏花点
先烈路
陵园西路
沿江西路
中山四路
临江大道
江南大道
番禺大道
汉溪大道
迎宾大道
黄埔涌至科韵立交段

广州公园赏花点
农讲所
中山纪念堂
东山湖公园
越秀公园
烈士陵园
荔湾湖公园
海珠会展公园
晓港公园
白云山
陈田花园
黄埔区中山公园
黄埔儿童公园

公共区域赏花点
海珠广场
英雄广场
华南师范大学天河校区
白云国际会议中心
外语学院
白云机场
番禺区沙湾镇
广州南站
从化木棉村

扫码感受英雄城市木棉之美

"广州好，人道木棉雄。落叶开花飞火凤，参天擎日舞丹龙。三月正春风。"广州市原市长朱光笔下的木棉，树高枝劲，顶天立地，春日花开时烂漫，春末落英时壮丽，象征着花城人奋发向上的精神。

木棉花早在1929年就被当时的广州市政当局确定为广州市花。木棉花又称"英雄花"，初春盛开，鲜红如焰，独领风骚。

春日的广州城，就如上演着一场红色的盛宴，大街小巷的木棉花竞相绽放。屹立在广州中山纪念堂东北角的那株350多年的木棉王，花朵硕大、饱满，如红红火焰，极致绽放。那一朵朵木棉花，闪烁着朝气蓬勃、积极向上的广州精神。

如今，除了中山纪念堂，传统木棉赏花点有越秀公园、烈士陵园、陵园西路、江南大道等地。广州市林业和园林局表示，近年来广州市通过增加木棉种植数量提升观赏效果，逐步在广州"绿肺"白云山和传统城市中轴线（越秀公园-中山纪念堂-海珠广场）打造一条规模化、震撼聚焦的木棉景观带。早在2011年，广州市就已着手在广州大道、临江大道、花果山公园种植300余株木棉树。

同时，广州还在机场高速、花城门户打造以木棉为主的主干道和门户景观，热情迎接四方来宾。岑村立交、广园收费站、仑头立交、滘口立交等16个城市出入口已种植较大规格的木棉，在进入广州的高速路两旁、高速路匝道的绿地及连接周边市区的省市、乡间公路上也大量种植了木棉。

随着不断的精心养护，木棉赏花长廊的景观效果将逐步形成。"今后林业和园林部门将进一步在全市范围内加强木棉赏花点建设，巩固提升已有木棉赏花点观赏效果，使游人在欣赏美景的同时感受到广州人民热情似火、奋发向上的城市精神。"广州市林业和园林局相关负责人说。

春日的花城，怒放的木棉花惊艳着整座城市，为花城注入勃勃生机。

统筹：梁倩薇
文/广州日报全媒体记者全杰 通讯员穗林园宣、陈欣
图/广州日报全媒体记者苏俊杰、吴伟洪、陈忧子

木棉王：广州最古老木棉树

广州最古老的木棉树坐落在具有深厚历史文化底蕴的中山纪念堂的东北角。在2018年全国组织开展的"中国最美古树"遴选活动中，获得"中国最美木棉"称号，也被广州市民称为"木棉王"。350多年高龄的木棉王植于1668年，树高27m，胸径1.96m，平均冠幅达33.75㎡。斑驳的树皮及通体的附生植物，让木棉王充满了老树的沧桑感，虽年代久远，依然雄伟如初。

100 奋斗百年路 启航新征程 3

花儿为什么这样红 (2)

幸福滋味，就在朵朵小花中

100 奋斗百年路 启航新征程 8

花儿为什么这样红 (3)

水绿山蓝花似锦，不负春光

4月

刊发时间
2021年
4月14日起

“广州‘镜’是这么……”系列报道

15个角度打开大美广州

奋斗百年路 启航新征程

花桥变奏

“广州”镜”是这么靓

奋斗百年路 启航新征程

“广州”镜”是这么魅

灿若星河

奋斗百年路 启航新征程

绿染羊城

“广州”镜”是这么绿

作品呈现形式：

报纸版面、短视频

作品简介：

“十四五”开局之年，广州加快建设国际大都市，奋力实现老城市新活力，以“四个出新出彩”引领各项工作全面出新出彩。在万物并秀的初夏时节，广州日报推出“广州‘镜’是这么……”全媒体系列报道，以航拍为主视角，看云山珠水，看老城新篇，看奋进活力，看幸福希望，以广州最美、最独特的风景庆祝建党百年。

系列报道立意巧妙。其中，广州“镜”的“镜”字，既指代镜头，突出栏目以精选美图、精剪视频为主的特点；又是“竟”字的谐音，意为“广州竟是这么……”。系列报道自4月14日至9月15日共推出15期，每期推出一个关键字，包括靓、巧、魅、畅、绿、潮等，跟在栏目名后面，组成“广州‘镜’是这么靓”“广州‘镜’是这么巧”“广州‘镜’是这么魅”等主题。

系列报道开栏篇为《花桥变奏》，聚焦天桥这个被誉为“空中彩带”的独特城市美景。在镜头下，受众恍如漫步在广州绚烂的人行天桥上，两旁缤纷的簕杜鹃一下子将人们带进“花花世界”，人们赏花、拍花，不亦乐乎。第5期《绿染羊城》从“一江春色醉游人”的增江画廊、二沙岛绿道展开，从系统规划的绿道，到功能更复合的碧道，再到新网红打卡点的云道，一条条生态廊道在羊城大地上蔓延开来，展现了广州将绿色融入生活，用绿色创造竞争力，加快实现老城市新活力、“四个出新出彩”的绿色发展道路。第9期《万商云集》放眼广州商圈，从一派热闹繁华中提炼出“千帆过尽，十三行商贸精神犹存；万商云集，改革开放敢为天下先”的广州精神，展示了近年来商圈经济、夜间经济、直播带货、线上经济等蓬勃的新兴消费热点。

该系列报道立意巧妙，制作精美，《花桥变奏》《长虹卧波》等篇目登上学习强国广州学习平台。（梁倩薇）

至美城央

灯光节期间，花城广场吸引了不少市民游客前来游玩。

二沙岛体育公园成为新晋网红打卡点。

花城广场的夜色绚丽多彩。

广州靓爆镜

广州"镜"是这么潮(6)

统筹：梁倩薇、王菁、黄魏华
文/广州日报全媒体记者全杰
图/广州日报全媒体记者陈忧子、苏俊杰、苏韵桦、杨耀烨（除署名外）

广州，既有2000年传承的历史名胜，又有世界顶流的时尚地；既有娓娓道来的美丽传说，又有清新迷人的云山珠水。广州的与众不同，与引领全国潮流、开启风气之先、勇当排头兵的敢闯敢试密不可分。

历数引领全国潮流，广州"高度"尤为抢眼。从爱群大厦到改革开放后的63层广东国际大厦，屡屡刷新中国高楼纪录。珠江新城CBD建成后，广州正式迈进"摩天大楼300米俱乐部"，"摩天指数"与迪拜、东京、纽约、上海等并居世界前列，成为全球当之无愧的摩天城市。

除了"高度"，还有广州"亮度"——美轮美奂的灯光秀。自2011年起，每年的"广州国际灯光节"如约而至。以广州塔为中心，珠江两岸和新中轴线夜景为背景，联动花城广场现场音乐，上演大型城市灯光表演，留下无数惊艳瞬间。

"亮度"之外，还有广州"厚度"——浓郁岭南人文底蕴。无论是"月光宝盒"广东省博物馆，还是"圆润双砾"广州大剧院，还有"无限意念"的广州图书馆，都使人眼前一亮、流连忘返，广州成为具有现代鲜明特色与浓郁岭南人文蕴涵有机结合的人文之城。

城市颜值的全面提升，正是广州社会发展不断前行的最佳例证。昔日老广乘观光电梯登上广州宾馆饮茶，现在广州新中轴线上的西塔、东塔成为市民游客叹茶的好去处。这个变化见证着新旧两条中轴线上广州发展的变迁，见证了广州人爱生活、懂生活的传承。

广州塔与远处的高楼相互映衬，恍如仙境。（@视觉中国）

琶洲古塔周边绿树成荫，视野开阔。

琶洲人工智能与数字经济试验区正在建设中。

柔和的阳光洒在珠江新城中轴线上。

扫码欣赏广州CBD、琶洲、花城广场之美。

广交会展馆坐落于珠江之畔。

4月

刊发时间
2021年
4月23日
至5月15日

"天问·航天科技解码公开课"系列报道

自学成"材"，精确解构火星车

作品呈现形式：

报纸版面、短视频、H5

作品简介：

1970年4月24日，"东方红一号"卫星成功发射，中国正式开启太空时代，4月24日因此被定为中国航天日。2021年4月23日，以中国航天日为契机，广州日报"天问·航天科技解码公开课"系列报道开始了星辰大海的征途。

系列报道中，《中国航天东方红》讲述了"东方红一号"诞生和运行的故事，这颗闪闪发光的卫星至今仍在预定轨道上奔跑着，天文爱好者们还能通过望远镜观测到它。在中国的航天史上，这是一块看得见的丰碑。报道采取名师授课的方式进行，中国科学院国家空间科学中心研究员、曾担任"东方红一号"卫星总体组副组长的潘厚任，讲解了"东方红一号"卫星诞生前后的故事，回顾和展望了我国航天事业的蓬勃发展。

从"东方红一号"到"天问一号"，从绕地到探火，中国离"航天强国"的目标又近了。报道《祝融，火星车中机动之王》遭遇了许多困难，因为航天专家受限于保密规定不能做太多解读，因此编辑和记者只能自力更生，独自吃透了几十万字的资料，看过无数视频和动画，最后精确拆解出"祝融号"的构造，并对每一个局部细节所对应的功能进行了解码，还横向比较了其他有名的火星车的相关功能，最终编写出了当时国内媒体中唯一对"祝融号"进行准确精细拆解的报道。

报道诞生的过程需要各个环节的付出，美编手绘"东方红一号"和"祝融号"火星车的场景被制作成了活泼的短视频，版面上漂亮"小火"的解构图在科普H5（《火星车祝融的十种武器》）中闪亮登场。《祝融，火星车中机动之王》获得了2022年第五届广东省科普好新闻奖二等奖。（王晓云）

天问

祝融，火星车中机动之王

中国首辆火星车即将降落乌托邦平原，本报独家拆解祝融号十八般武器

为何选择降落乌托邦平原？

祝融号有哪几种工作模式？

自动休眠自动唤醒怎么切换？

中国航天东方红

东方红一号照亮半世纪航天路，天问一号开启深空探测新纪元

致敬

赵九章：摘卫星最积极的就是他

戚发轫：冒着生命危险试验天线

王希季：碉堡改火箭动力试车台

东方红一号卫星

《天问》摘录：

“遂古之初，谁传道之？……日月安属，列星安陈？……厥利维何，而顾菟在腹？……角宿未旦，曜灵安藏？”

4月

刊发时间
2021年
4月27日起

"学习实践大篷车"主题专车

让党史学习和为民服务"动"起来

作品呈现形式：

全媒体传播活动

作品简介：

为深入贯彻落实习近平总书记"推动党史学习教育深入群众、深入基层、深入人心"的重要指示精神和中央深入开展"我为群众办实事"实践活动的部署，2021年4月27日，由广州日报和中共广州市委组织部、中共广州市委宣传部、广州市文明办等部门联手组织的全国首辆党史学习教育结合为民服务集市的"学习实践大篷车"主题专车在广州发车。

当天，大篷车开进海珠区凤阳街，推出一系列党史学习教育宣传，邀请市民参与"移动智慧广州党建文化体验展"，政府各职能部门的工作人员聚焦民生领域为街坊们摆摊答疑解惑，受到热烈欢迎。这辆大篷车，正是为打通党史学习教育深入基层的"最后一公里"而量身定制的。一辆大篷车，融合了学党史、悟思想、办实事、开新局的五大"台"——学习宣讲大讲台、为民服务大平台、红色经典大看台、专题展览大展台、知识普及大擂台，可随时延伸到基层一线，实现党史学习教育和惠民服务活动的全天候、全覆盖、全城域。车内搭载LED屏幕、AR+VR等互动设备，可随时随地开展党史宣讲、工匠竞技、红色展演和志愿服务等一站式党群互动传播服务。车厢外立面大屏成为全天候党员干部互动展演平台——日间，大屏持续播放主题微视频，为党员干部群众提供可视化、形象化的学习素材；夜间，台上开展优秀红色影片展播互动活动，党员群众可现场选片观影。更重要的是，借助AR体感技术，大篷车的"视、听、看、说、互"沉浸式体验丰富多彩，市民走进车厢，即可通过人机交互实现重温入党宣誓、答题冲关、军装照换装等体验，也可通过互动大屏诵读总书记典故语录、测评诵读水平。

大篷车推出后，很快成为广州街头一道移动的红色风景线——首发当日逾10万网友观看直播，登上同城热搜；5月1日，驶进海珠区琶洲"建设者之家"新时代文明实践站；5月4日，驶进越秀区英雄广场；7月1日之后又成为学习宣传习近平总书记在庆祝中国共产党成立100周年大会上的重要讲话的流动讲堂。据统计，活动累计覆盖近百万人次。（汤新颖）

学习实践大篷车
首发！
主办：中共广州市委组织部、中共广州市委宣传部、广州市文明办
承办：广州日报社
扫码看首发式
4月27日16：30

5G

2021
全面建设社会主义现代化国家新征程
学党史 悟思想 办实事 开新局
学党史 悟思想 办实事 开新局

4月

刊发时间
2021年
4月27日起

《你的美好外卖到了——“我为群众办实事”你下单我接单》

用心用情讲好心系群众实践故事

作品呈现形式：

报纸版面、H5

作品简介：

党史学习教育开展以来，广州开启“双微”行动，70多万名党员领办群众“微心愿”。4月27日起，广州日报推出《你的美好外卖到了——“我为群众办实事”你下单我接单》全媒体系列报道，5月25日又推出《叮——有一份新的美好外卖订单等待派送》沉浸式H5作品，从“双微”受益者——基层群众的点滴诉求入手，以外卖下单接单的交互形式展开报道，生动展现群众下单“微心愿”，政府接单解难题。报道获得人民日报点赞，称赞“系列报道从群众心愿清单入手，生动展现广州各区、各职能部门党组织重点任务清单的具体工作、扎实成效”。

报道从广州各区、各职能部门认领的重点民生项目和群众心愿入手，每个项目（心愿）均选定一位获益者（基层群众）作为“下单人”，每期报道用一个整版，聚焦“我下单（群众的心愿清单、所求所盼）+我接单（接单党组织的解决方案、行动计划、工作设想、预期效果）”两部分内容，派出记者下沉基层社区，深入挖掘“下单接单”过程中发生的看似不起眼却感人至深的小故事。海珠区素社街7岁女孩小静家里遭遇火灾后希望有一个明亮温馨的家、从化区吕田镇贫困学生邹同学希望能在学校吃午餐……这些“微心愿”很快获得各区、各相关职能部门“接单”，“订单”圆满完成。报道通过一个个小故事，营造“群众有事我来帮”“群众心愿我来办”的浓厚氛围。（王菁、汤新颖）

系列报道创新呈现形式，群众诉求以外卖“下单”的形式包装，各区、各部门办实事以外卖“接单”的形式包装，让群众更加真切地感受到各区、各部门“民有所呼，我有所应”的实干担当。

借助手绘创意，版式设计按“下单”“接单”“跑腿”“等待接单”等元素进行包装，将“我为群众办实事”实践活动鲜活呈现。报道以小见大，展现每一个订单都及时获得响应，每一个民生诉求都及时得到解决的工作成效。

2　一版编辑：刘文勇　二版编辑：郑金城　美术编辑：陈希　万新巢　刘赞文

奋斗百年路 启航新征程

2021年4月27日 星期二　广州日报

学党史　悟思想　办实事　开新局

你的美好外卖到了

——“我为群众办实事”你下单我接单

统筹：郑金城、王蕾　版面设计：陈希、万新巢

文/广州日报全媒体记者廖坊文、吴多　通讯员肖学坤、刘玉

图/广州日报全媒体记者邱伟荣、廖雪明

开栏的话

日前，广州市出台《“您的心愿，我的志愿”——党组织、党员为群众办实事“双微”行动工作方案》，发动全市各级党组织和广大党员面向镇（街）、村（社区）基层，积极为群众排忧解难。广州日报即日起推出《你的美好外卖到了——“我为群众办实事”你下单我接单》系列全媒体报道，从“双微”受益者——基层群众的诉求入手，介绍各区、各职能部门党组织重点任务清单的具体工作，展现广州高标准高质量开展党史学习教育的具体行动

荔湾区 昌华街

巷子里装些减速带吧！

如意坊社区街坊张洁珠

我下单

我的心愿：

如意坊新街常年来有大量的电动车出入，这些车辆在巷子里飞驰安全隐患大，盼巷子里安装减速带，为爱“减速”，守护安全。

海珠区 素社街

想要一个明亮的家

我下单

7岁女孩小静

我的心愿：

因为一场火灾，我所居住的出租屋被烧黑，康复后的我已经入读小学，希望有一个明亮温馨的家。

我接单 荔湾区

马上办！一天装好8条减速带

如意坊新街安装了减速带以后，街坊更有安全感。

我的举措

① 先后6次到实地进行察看，走访居民群众60余人，召开4次座谈会，广泛听取群众意见；

② 形成安装8条减速带的方案，2条设置在较为宽阔的路口；

③ 巷里每隔50米设置一条减速带，共6条

我的举措

① 今年，海珠区成立全市首个区级青少年发展专项基金，“幸福·家”困境青少年阅读空间改造计划成为基金首个支持项目；

② 共青团海珠区委员会获悉小静的情况，很快为其申请“幸福·家”海珠区困境青少年阅读空间改造项目；

③ 在很短的时间内改造资金就确定了，经过20多天的施工，小静的家焕然一新

我接单 海珠区

“幸福·家”项目给你建个幸福家

小静的家经过20多天施工焕然一新。

等待接单

越秀区低保户家庭王同学：希望拥有“一桌、一灯、一书柜”的阅读空间

黄埔区单同学：我想送给环卫工妈妈一台烘干机

今日12版　虚假新闻举报电话：81883088-3272　本报所刊登作品未经本报许可，不得转载、摘编。　本报新闻侵权举报电话：81883088-3661。

伍

“广州幸福‘物’语”系列报道

让小康可感　让成就动人

作品呈现形式：

报纸版面、短视频、海报

作品简介：

2021年5—6月，广州日报在“奋斗百年路 启航新征程”主题栏目下策划推出“广州幸福‘物’语”行进式全媒体系列报道，派出多路记者深入社区、机关、企业、医院、学校、乡村等展开深调研，通过鲜活生动的故事和翔实充分的数据，让物件说话，讲小康成就，为庆祝建党100周年和全面建成小康社会营造了热烈的社会氛围。

“广州幸福‘物’语”系列报道的核心是让物件“说话”，即以一个个物件为红线，串联起相关的人物与广州在该领域所取得的成就，如新冠检测试剂、一元钱看病清单、直播灯、大学录取通知书、交通卡（码）、职业经理人聘书、“好读者”证书、群众“心愿卡”等。在内容上，每篇报道都通过“一个小物件＋一个人物故事＋一个领域成就”的“1+1+1”式结构，形成物、人、成就三部分的有机组合，小中见大，层层递进，让讲成就不只是摆数字，还能讲得更走心、入心。同时，该系列报道以“一篇优质内容＋一张创意海报＋一个视频短片”的呈现形式统一包装，打造全媒体精品组合，并在微博、微信、学习强国、今日头条等平台广泛传播，体现了重大主题宣传报道的传播力、影响力。《看病一元钱 小病不出村》一文和视频被学习强国平台首屏推荐。（张毓）

广州日报 2021年5月11日 星期二 奋斗百年路 启航新征程 3

学党史 · 悟思想 · 办实事 · 开新局

广州幸福"物"语 ①

开篇语

今年是中国共产党成立一百周年，我国将迎来全面建成小康社会、实现第一个百年奋斗目标的伟大胜利。奋斗创造历史，实干成就未来。站在"两个一百年"奋斗目标的历史交汇点上，我们要认真学习贯彻习近平总书记系列重要讲话精神，学史明理、学史增信、学史崇德、学史力行，以昂扬姿态奋力开启全面建设社会主义现代化国家新征程，以优异成绩迎接党的百年华诞。

继"广东红色'物'语"路点式全媒体系列报道后，广州日报今起推出"广州幸福'物'语"行进式全媒体系列报道，派出多路记者深入社区、机关、企业、学校、乡村等展开深调研，从身边物件切入，挖掘展现党的十八大以来广州经济社会各方面的生动实践、各重点领域的可喜发展成就，用党的奋斗历程、伟大成就、历史经验鼓舞斗志、启迪智慧，用党的光荣传统、优良作风、实践创造坚定信念、凝聚力量，激励全社会在新起点上接续奋斗，向第二个百年目标奋勇前进。

路人如织的北京路步行街。广州日报全媒体记者王燕摄

小小直播灯 亮出逆增长

广州着力打造直播电商之都 助力建设国际消费中心城市

作为千年商都、传统商贸中心，广州将直播电商作为商贸业发展重要的助推剂，出台措施大力发展直播电商。2020年，广州市实物商品网上零售额1937.42亿元，逆势增长32.5%，高于全国17.7个百分点。去年2月以来，广州直播商户开播场次、观看人次和购买力均排名全国第一，成为名副其实的第一大直播之城。

· 一位人物 ·

百货公司行政姑娘转行当起了带货主播

实体商场面临转型 对主播的要求更高

· 一项成就 ·

国际消费中心城市建设全面提速

· 一个物件 ·

直播灯

3 奋斗百年路 启航新征程 2021年5月18日 星期二 广州日报

学党史 · 悟思想 · 办实事 · 开新局

广州幸福"物"语 ③

本期幸福"物"语是一张一元钱看病票据，票据的主人是白云区江高镇大石岗村村民何伟平。

"平姐，又来啦。"四月末的一天，何伟平步行来到村卫生站，医生熟稔地打招呼——熟识的人都称呼她平姐。看完医生，平姐熟练地刷脸认证，交上1元现金然后取药，整个流程约10分钟。

记者了解到，今年"广州市推广农村一元钱看病"项目被纳入广州市民生实事项目之一，在白云、黄埔、花都、南沙、从化、增城等涉农区全面推广。据统计，2010年至今，享受"一元钱看病"诊疗服务的村民累计达到1220.71万人次。

与此同时，广州市医疗高地建设成效初显。数据显示，广州地区现有复旦版全国百强综合医院9家、排名前十专科数量40个，省"登峰计划"重点建设医院13家，国家呼吸医学中心、国家儿童区域医疗中心落户广州。

看病一元钱 小病不出村

广州坚持惠民减负原则 推进农村分级诊疗切实缓解村民就医难

· 一位人物 ·

送完孩子买完菜 拐进卫生站看病来

最幸福时刻：婆婆逢人"炫耀"村里惠民好政策

"一元钱看病"试点：帮百姓解决"小病小痛小问题"

· 一项成就 ·

强基层建高地 广州筑牢健康"防护网"

· 一个物件 ·

一元看病票据

《选秀场莫成“大染缸”》等时评漫画

以画发声，传递社会力量

作品呈现形式：

漫画

作品简介：

广州日报策划推出多期时评漫画，聚焦“选秀节目倒奶打投”事件推出《选秀场莫成“大染缸”》，聚焦袁隆平院士逝世推出《您的梦想，我们接力》……其中，《选秀场莫成“大染缸”》具有强烈的讽刺色彩，鲜明抨击资方、平台等背后利益方的唯利是图和不良引导，通过光鲜亮丽的明星和被“污染”的鲜奶之间“明与暗”“彩与黑”的鲜明对比，讽刺“倒奶打投”事件中选秀链的畸形传递，抨击“饭圈文化”的扭曲变质，呼吁选秀场回归正道。作品刊发后，巧妙的绘画、深刻的讽刺引发了广泛传播和强烈社会反响，引起广大网友的热烈讨论。

《您的梦想，我们接力》基于对袁隆平院士的无限追思，立足袁老的“禾下乘凉梦”，以梦想传承接力为立意，用想象的视角，呈现了“实现”禾下乘凉梦的场景，寄寓着无数后来者“继承您的遗志，完成您未竟的事业”的崇高志向，为纪念袁老的报道增添了一抹亮色。

该系列漫画具有深刻的寓意和较高的艺术感染力，凝聚了强大的传播力和正能量，对正面引导青少年群体起到积极作用，其中，《选秀场莫成“大染缸”》获得2021年度广东新闻奖三等奖。（何超）

新花城
广州日报
交给你们了~
您的梦想，
我们接力！

5月

刊发时间
2021年
5月13日
至7月1日

《论中国共产党历史》学习笔记

大学习让党史教育入脑入心

作品呈现形式：

报纸版面

作品简介：

中国共产党成立100周年之际，由中共中央党史和文献研究院编辑的习近平同志《论中国共产党历史》一书出版发行。这部专题文集的出版发行，对于广大干部群众学好党的历史，增强“四个意识”、坚定“四个自信”、做到“两个维护”，决胜全面建成小康社会、开启全面建设社会主义现代化国家新征程、实现中华民族伟大复兴的中国梦，具有十分重要的指导意义。广州日报“学习笔记”专栏归纳精选书中“知史爱党，知史爱国”“革命精神”“红色基因”“人民立场”“崇尚英雄”“改革开放”“永葆初心”“历史使命”8个主题，摘录相关金句，邀请各级党校、社科院、党史文献研究室和高校马克思主义学院等机构的专家学者辅导广大党员干部一起学习，推动学习入脑入心、走深走实、见行见效。（刘文亮）

奋斗百年路 启航新征程

跟着总书记学党史

伟大革命精神跨越时空永不过时

党校专家辅导广大党员干部学习习近平总书记关于党的历史的重要论述

革命精神为立党兴党强党提供丰厚滋养

伟大革命精神彰显优秀特质和伟大品格

奋斗百年路 启航新征程

跟着总书记学党史

确保红色江山永不变色

党校专家辅导广大党员干部学习习近平总书记关于党的历史的重要论述

红色基因赋予我们砥砺奋进的信仰力量

传承红色基因的精神内涵和时代价值

跟着总书记学党史

1921-2021

《论中国共产党历史》学习笔记

• 知史爱党，知史爱国 •

历史是最好的教科书

党校专家辅导广大党员干部学习习近平总书记关于党的历史的重要论述

中国共产党成立100周年之际，由中共中央党史和文献研究院编辑的习近平同志《论中国共产党历史》一书出版发行。这部专题文集，收入习近平同志关于中国共产党历史的重要文稿40篇。其中部分文稿是首次公开发表。

习近平同志《论中国共产党历史》的出版发行，对于广大干部群众学好党的历史，增强“四个意识”、坚定“四个自信”、做到“两个维护”，决胜全面建成小康社会、开启全面建设社会主义现代化国家新征程、实现中华民族伟大复兴的中国梦，具有十分重要的指导意义。

广州日报“学习笔记”专栏选取这部专题文集8个主题并摘录相关金句，邀请党校专家辅导广大党员干部一起学习。

■统筹：刘文亮、吴绍锋

学习金句

各级领导干部还要认真学习党史、国史，知史爱党，知史爱国。要了解我们党和国家事业的来龙去脉，汲取我们党和国家的历史经验，正确了解党和国家历史上的重大事件和重要人物。这对正确认识党情、国情十分必要，对开创未来也十分必要，因为历史是最好的教科书。

——2013年3月1日，习近平总书记在中央党校建校80周年庆祝大会暨2013年春季学期开学典礼上的重要讲话

要围绕中国共产党为什么“能”、马克思主义为什么“行”、中国特色社会主义为什么“好”等重大问题，广泛开展宣传教育，加强思想舆论引导，坚定广大干部群众对中国特色社会主义的道路自信、理论自信、制度自信、文化自信，进一步激发全体人民爱党、爱国、爱社会主义的巨大热情。

——2019年4月15日至17日，习近平总书记在重庆考察并主持召开解决“两不愁三保障”突出问题座谈会时的重要讲话

学习党史、国史，是我们坚持和发展中国特色社会主义、把党和国家各项事业继续推向前进的必修课。这门功课不仅必修，而且必须修好。我们要继续加强对党史、国史的学习，在对历史的深入思考中做好现实工作、更好走向未来。

——2013年6月25日，习近平总书记在主持中共十八届中央政治局第七次集体学习时的重要讲话

要把这些红色资源作为坚定理想信念、加强党性修养的生动教材，组织广大党员、干部深入学习党史、新中国史、改革开放史、社会主义发展史，教育引导广大党员、干部永葆初心、永担使命，自觉在思想上政治上行动上同党中央保持高度一致，矢志不渝为实现中华民族伟大复兴而奋斗。

——2020年7月24日，习近平总书记在吉林考察工作结束时的重要讲话

要培育和践行社会主义核心价值观，不断增强各族群众对伟大祖国、中华民族、中华文化、中国共产党、中国特色社会主义的认同。

——2020年8月28日，习近平总书记在中央第七次西藏工作座谈会上的重要讲话

以史为鉴 守住我们的精神谱系

王学斌

中央党校教研部中国史教研室主任、教授

“知史爱党，知史爱国”，强调了各级领导干部认真学习党史、国史的必要性。我们的社会主义实践和道路探索是建立在5000多年中华文明基础之上的，只有认真学习党史、国史，拥有更长远的历史维度和更广阔的历史视野，才能有整体的理解、系统的把握、细致的认知和深入的感悟，才能从中更好地体会中华民族的伟大成就，总结经验和吸取教训。同时，爱党与爱国是不能够区别开的，因为我们现在的成就与中国共产党的领导紧密相关。正因如此，党史和国史要结合起来讲，必须明确三个方面内容：第一，我国当前的伟大成就是中国共产党引领和缔造的。第二，近代以来摆脱民族屈辱和追求富强独立的使命，最后由我们党承担和完成了。我们已经完成了“站起来”“富起来”两大目标，现在正在向“强起来”目标不断迈进过程中。第三，我们的社会主义探索和伟大实践，与5000年的中华文明是不可分割的。当代中国是历史中国的延续和发展，当前的实践与探索不能跟历史分割开。当代中国包含在历史中国之中，历史中国具有活力，是因为中国共产党在当代中国乃至未来中国有更多创新和突破。母体要有活力，必须依托新生力量不断开拓进取，而新生力量能够诞生、壮大，又离不开母体的滋润、孕育。

之所以说“历史是最好的教科书”，是因为历史就如教科书，揭明了诸多正确的道理与明确的路径，党史中有丰富的正面经验，也有很多惨痛的反面教训，以党史为教科书，即要以史为鉴，汲取优良的传统，守住我们的精神谱系，同时，要自觉抵制很多以往已犯的错误，荡涤很多以往的不良作风，尤其是主观主义、教条主义、经验主义、形式主义、官僚主义、投降主义、机会主义等错误观点、思想、理论和做法。其次，历史正如一面镜子，让我们分辨是非对错。我们在实际工作中，要以这本教科书为镜鉴，作为决策施政时的重要参考。第三，历史也是一个宽子，当我们遇到诱惑挑战时，可以回顾历史中的相似案件，以正面案例、正面人物鞭策自己，以负面案例、负面教训来提醒自己，唯有如此，才能立于不败之地。

我们学史的目的，第一方面，从最高层次讲，是要坚定我们的理想信念，坚定广大干部群众对中国特色社会主义的道路自信、理论自信、制度自信、文化自信，对我们党充满信心。第二方面，学史可以赋能，我们要从百年党史的学习中，汲取、增强各种能力和智慧，比如实事求是的能力、群众工作的能力、抵御风险的能力、勇于斗争的能力。我们要做到学史明理、学史增信、学史崇德、学史力行，从党史宝库中汲取各种营养，提升各方面能力。领导干部要树立大历史观，提升历史思维，也就是说，要从党史学习过程中形成一种更高的思维，这种思维与战略思维、辩证思维、底线思维是一致的，能够从更高的角度观察问题，能够面向未来解决问题。第三方面，把党史、国史学好弄通，能够同时影响更多的同志和群众，学史也要走群众路线，你的心得体会也要让更多人知道，不能只是孤芳自赏、自我把玩。所以宣讲很重要，分享很重要，不是光自己学。

今后，我们要更好地做到“知史爱党，知史爱国”，提高思想自觉和行动自觉。首先，要读权威读本，从真正的历史入手，不能人云亦云。第二，要行动起来，自觉抵制历史虚无主义，明辨是非真假。第三，条件允许的情况下，可以走出去，把书本知识与实际历史遗迹、红色场景结合起来，在场景化之下学习党史、国史，能够更好激发内心感悟，学得更为深入牢固。

文/广州日报全媒体记者谢绮珊

忠诚铸就百年基业 核心引领复兴之路

尹德慈

中共广东省委党校校委委员、教育长，全国党建研究会特邀研究员

欲知大道，必先为史。中国共产党成立百年来，中国实现了沧桑巨变，建立了丰功伟绩。这一百年，是中国人民根本改变历史命运的一百年，是中华民族迎来伟大复兴的一百年，是中国为全人类发展作出卓越贡献的一百年。党的十八大以来，习近平总书记在多个重要场合阐述学习党史的重要性。这些重要论述在《论中国共产党历史》一书中有着生动记录，围绕为什么学党史、学什么样的党史、怎样学党史作了深刻阐述，为我们深入开展党史学习教育指明了方向。

总书记强调：“学习党史、国史，是我们坚持和发展中国特色社会主义、把党和国家各项事业继续推向前进的必修课。这门功课不仅必修，而且必须修好。”知史爱党，知史爱国。一部百年党史，蕴含了我们党领导人民取得辉煌成就的成功密码，也蕴藏了激励广大党员干部承前启后、继往开来的强大动力。

读懂百年党史，首先要从党的百年沧桑中深刻体会一代代共产党人对共产主义事业的绝对忠诚。我们党的一百年，经历了无数艰险和磨难，但任何困难都没有压垮我们，任何敌人都没能打倒我们，靠的就是千千万万党员的忠诚。仅1921年至1949年，全国有名可查的革命烈士就达370多万人；红军二万五千里长征，平均每300米就有一人牺牲。抗日战争时期，在极其恶劣的条件下，杨靖宇将军领导抗日武装冒着零下四十摄氏度的严寒，同数倍于己的敌人浴血奋战，牺牲时胃里全是枯草、树皮、棉絮，没有一粒粮食，其事迹震撼人心。这就是忠诚最本真的模样，让我们领悟到忠诚最能动人心的力量。学习党史，就要传承红色基因，以先辈先烈为镜、筑牢信仰之基、补足精神之钙、把稳思想之舵，以坚定的理想信念砥砺对党的赤诚忠心，不断提高政治判断力、政治领悟力、政治执行力，以实际行动诠释对党的忠诚。

读懂百年党史，就要从党领导革命、建设、改革的实践中深刻感悟领导核心的极端重要性。我们党的一百年，是栉风沐雨的一百年，党团结带领全国各族人民闯过了一次次艰难险阻，用几十年时间走完了发达国家几百年走过的工业化历程。在中国共产党的领导下，在中国人民手中，不可能成为了可能，创造了让世界刮目相看的“中国奇迹”。中国共产党成为当之无愧的坚强领导核心，赢得了包括各民主党派在内的全国各族人民的衷心拥护，这是人民的选择，更是历史的选择。学习党史，就要坚定“四个自信”，从百年党史中汲取营养、强筋健骨、筑牢定力，不论风吹浪打，不怕千难万险，坚定不移为实现崇高理想和伟大目标而奋斗。

读懂百年党史，就要从党带领我们取得的非凡历史成就中更加坚定自觉做到“两个维护”。党的十八大以来，面对严峻复杂的国内外形势，以习近平同志为核心的党中央举旗定向、锐意进取，以全面深化改革增添发展动力，以高压反腐净化政治生态，以扶贫攻坚解决突出民生问题，解决了许多长期想解决而没有解决的难题，办成了许多过去想办而没有办成的大事，党和国家事业取得历史性成就、发生历史性变革，谱写了新时代中国特色社会主义新篇章。我们都是历史的见证者、参与者，学习党史重在致知力行。要从我们党推进伟大自我革命和伟大社会革命取得的辉煌成就中，从党领导我们闯过一个又一个险滩暗礁、战胜一个又一个风险挑战的奋斗历程中，深刻认识做到“两个维护”是做好一切工作的根本保证，坚定不移跟党走，砥砺奋进新征程，为实现中华民族伟大复兴贡献智慧和力量。

文/广州日报全媒体记者张冬梅

5月

刊发时间
2021年
5月13日

《又一世界之最将上线！“桥”见广州新精彩》

用“桥”串起广州新精彩

作品呈现形式：

长图

作品简介：

2021年5月13日，已顺利合龙的广州市首座跨珠江人行桥正式向全球征名，富有岭南文化特色而又新颖的设计吸引全城目光，由此热点延伸，广州日报策划制作广州桥梁盘点新媒体一图读懂产品。

“桥”音同“瞧”，作品标题巧妙利用谐音梗，以“‘桥’见广州新精彩”为主题，按照桥梁落成年份倒叙，细数横跨珠江前航道18座桥梁的建设历程，展现珠江两岸交通脉络发展以及由此带来的城市发展。

长图式全景扫描，用图片凸显桥梁造型之美，整体设计大气耐看，配合文字介绍组成桥梁“身份证”，内容上更关注每座桥梁的功能性、历史性，准确唤醒居住在珠江两岸的市民对于桥梁的情怀。（陈雅诗）

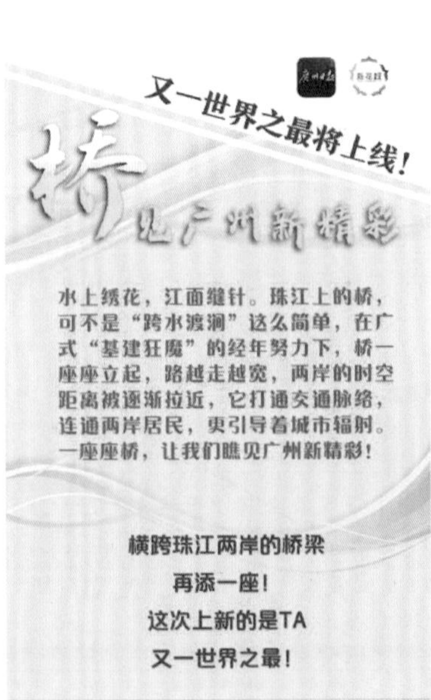

2021年
广州首座
跨珠江人行桥
全球征名中
广州首条珠江两岸人行桥，主跨198米，桥面最大宽度15米，是世界上最大的斜拱曲梁人行桥，设计新颖、结构复杂、技术含量高，既富有岭南文化特色，更具有新时代特有内涵。2021年2月8日下午，珠江两岸人行桥顺利合龙，目前，正在全球征名中。
2019年
南沙大桥
2019年4月通车的南沙大桥，两座超千米级特大跨度悬索桥同时建设属世界首次，被冠以“超级工程”美名。大桥的建成，使广州南部到东莞的路程缩短10公里，为珠江东西两岸增加了一条重要的交通要道。
2009年
猎德大桥
2009年7月通车的猎德大桥，像一只巨大的贝壳“破江”而起，被誉为“珠江之贝”，造型与广州塔、歌剧院的流线型建筑一脉相承，延续了新中轴线的天际线轮廓，是广州CBD不可或缺的景观。
2008年
黄埔大桥
2008年10月建成通车的黄埔大桥，位于广州市“东进南拓”轴线位置上，选择刚劲挺拔的斜拉桥和线型柔美的悬索桥结合，主桥气势雄伟，索塔造型新颖，有“华南第一桥”的美称。
2006年
新光大桥
2006年11月通车的新光快速路，是跨越珠江沥滘水道的一座特大型桥梁，红色飞燕式三跨中承拱如一条跃出珠江水面的彩虹，优美的造型使之成为广州的标志性桥梁之一。
2003年
琶洲大桥
2003年8月通车的琶洲大桥，是当时世界上最大跨径V撑梁式大桥，造型具有强烈的时代气息。作为广州东部南北枢纽的主要通道，琶洲大桥也是广州国际会展中心的配套项目。

2003年
金沙洲大桥
于2003年通车的金沙洲大桥，为金沙洲居民来往广州中心区提供通道。大桥随后在2012年开工拓宽，桥面变成双向6车道，有效提升了当地十多万居民的出行效率。
2000年
丫髻沙大桥
2000年6月通车的丫髻沙大桥，是广州环城高速公路西南环上跨越珠江南北航道的一座特大桥，整座大桥如长虹卧波，气势非凡。大桥的通车，标志着广州市环城高速公路全线贯通。
1998年
华南大桥
1998年9月，华南大桥随华南快速路一期工程番禺大桥至黄埔大道北段建成通车同步开通运营。
1998年
鹤洞大桥
1998年7月建成通车的鹤洞大桥是广州人引以为傲的“明星桥”，是当时广州跨江大桥中主桥跨度最大、结构最新、技术含量最高的桥梁，也是南北跨江交通的重要通道。
1998年
江湾大桥
江湾大桥于1998年通车，是内环路工程中的两座跨江大桥之一，造型简洁，建成后通过东濠涌高架路快速疏解了珠江两岸交通。
1998年
解放大桥
1998年1月26日，解放桥建成交付使用，大桥因北面连接解放路而得名，在建筑结构上只有3组钢拱钢管组成，似珠江上的一道彩虹。

1988年
海印大桥
1988年12月通车的海印大桥，因大桥北端的海印石而得名。作为广州第一座斜拉桥，大桥塔顶像两只“羊角”，整体仿佛是竖琴，又宛若扬帆的大船，开启了广州桥梁造型设计的创新。
1988年
洛溪大桥
洛溪大桥于1988年8月通车，是广州市内第一座连接海珠区和番禺区的过江通道，与广州大道、广州大桥，共同构成广州第一条南北交通大动脉。
1985年
广州大桥
广州大桥作为广州第三座横跨珠江的桥梁，被称为珠江三桥，是一座连接广州大道南、北两段的重要跨江桥梁，双向6车道，地处市中心地带南北交通大动脉，交通异常繁忙。
1967年
人民桥
人民桥是新中国成立后第一座完全由中国人自主设计、自主建造的跨江大桥，为连通“河北”居住区与“河南”工业区，缓解海珠桥的交通压力而修建的，于1967年5月竣工。
1960年
珠江大桥
珠江大桥作为广州第一座横跨珠江的铁路公路多功能桥，曾是广州通往粤西的必经之路，亦是芳村的唯一陆上通道。20世纪60年代初，珠江大桥还以其独特的景致成为羊城新八景之一。
1950年
海珠桥
海珠桥始建于1929年，是当时唯一一座跨越珠江的大桥，大桥于1950年重建通车，1963年以“珠海丹心”的名义入选“羊城八景”，伴随着一代又一代广州人的成长。
广州日报出品

《精神小“火”，冲呀！》

还原“探火”全程，寓科普于互动

作品呈现形式：

H5

作品简介：

2021年5月15日，“天问一号”探测器成功着陆火星，是我国航天事业发展的又一具有里程碑意义的进展。《精神小“火”，冲呀！》动画H5就是立足于创意交互、趣味科普，展示“天问一号”“探火”面貌的创意互动融媒作品。

作品再现了“天问一号”从发射、入轨、飞行、着陆到火星车巡视的“探火”全程。整个交互过程以用户漫游行进作为互动线索，通过用户手指拨动、拍照操作、移动标的、手动点击等互动操作，借助多媒体互动技术，模拟了器件分离、地月合影、轨道校正、降落火星等活动，用户还可通过自由选择生成专属海报，作品与用户形成了完整、自主的交互传播链条，实现了可参与、可沉浸的互动环境。为了让航天新闻科普更具趣味性，作品不仅结合谐音、歌词等进行文案创作，充分贴合互联网用户的接受习惯，还在互动过程中拆解“探火”环节，融合展现各环节的科普知识，寓科普于互动。作品将有趣生动的创意互动和航天新闻知识的科普有效结合，向广大青年充分展示了我国航天成就，传播了中国式的航天浪漫，普及了航天新闻知识，弘扬了科学精神。

据统计，作品在广州日报微博上的阅读量约1300万，转评赞超2万，被“云南政法”“陕西省文化和旅游厅”等政务平台和众多互联网大V博主转载，是极具互动性、传播力、趣味性、艺术性的创意互动精品。作品获得2021年度广东新闻奖二等奖、第五届广东省科普好新闻优秀奖。（何超）

中国.文昌.2020.7.23
中国航天
点火发射

踏上火星这一步
凝结了中国航天突围65年的心血
未来的我们
将更自信地挺进星辰大海！
我叫“祝融号”
火星我来了！

中国航天
请用手指分离器箭，
让天问一号继续前进

陆

《阿广防疫漫记》

漫说防疫 “粤”讲“粤”明

作品呈现形式：

条漫

作品简介：

2021年5月下旬广州出现的新一波的本土病例引发关注，如何让“老广”更容易接收到疫情防控知识成了我们思考的方向。为创新宣传形式，我们把目光定在条漫这个形式上。条漫浅显易懂，能够非常形象地通过一系列不同主题的小故事，让各个疫情防控小知识以漫画的形式“粤”讲“粤”明。

这一系列条漫的定位明了，就是要“本土化”！为此，创作团队设计了一位非常富有广州特色的主人翁阿广——一个操着一口流利广州话、喜欢穿短裤和人字拖的广州后生仔。多宫格漫画通过展示阿广的视角和经历，使得受众从这些小场景中学到疫情防控小知识。此外，为了让更多的“老广”看得明白，更有代入感，所有的对话、旁白和标题都用了粤语。值得一提的是，该系列条漫推出期间刚好碰上高考，团队主动出击，继续以阿广的视角，制作高考特别篇，为考生加油。

系列条漫起初以每日一篇的频率推出，形成系列，让读者有了追看的兴趣，阿广也逐渐成了广州日报在疫情防控报道中独有的漫画形象。之后团队也不间断地根据报道内容的不同，推出阿广故事的姐妹篇。系列条漫在两端（新花城客户端、广州日报客户端）刊发后，同时在微博进行二次转发，持续扩大报道的影响力。（陈婷婷）

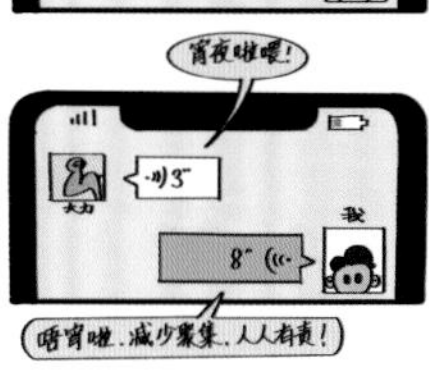

P.S：打完疫苗需24小时后才能验核酸。

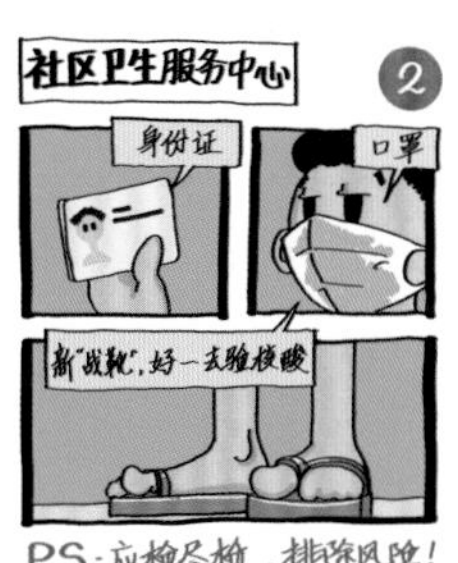

P.S：应检尽检，排除风险！

疫情防控
广州有我

想食得安心？整双公筷先至真！

作息养成好习惯，食边餐都唔会要！

共同守护我们的美好家园

广州日报

《掂过碌蔗》《广州人都在传这份高考成绩单》

拼接创意海报为考生加油助威

作品呈现形式：

海报、图文报道

作品简介：

2021年高考是广州新闻媒体间的一场大战。一方面，广州日报推出了《掂过碌蔗》高考加油主题海报，以《5年高考3年模拟》、汤煲、计算器、答题卡、寓意“今朝掂过碌蔗”（“碌”是“条”，“掂”意为“直”，“掂过碌蔗”字面意思是“比一条甘蔗还直”，表示事情进展非常顺利）的香蕉（即“金蕉”，谐音“今朝”）和甘蔗等与高考学生密切相关的物件作为线索，并采用文案与物件拼接的设计方式，寄寓“高考顺利”的美好祝愿，由此通过突出的创意和走心的文案，为参加高考的学子加油助威，传递正能量。这一创意引起广大网友的热烈反响和媒体的广泛关注，在广州日报微博上的阅读量近100万，同时被新华社主办的半月谈官方微博转载。另一方面，在高考最后一科考完当天，我们及时策划推出《广州人都在传这份高考成绩单》的图文报道，梳理回顾了这场组织不易的高考中的亮点，引起全城热传，在广州日报微信公众号上的阅读量超30万。（何超）

同学们
顶峰相见！

2022·A版
5年高考
3年模拟
考点精析 | 题组训练 | 习题解析

从今以后，那些念叨着不想做的习题；青
都是你一辈子怀念的春

广州日报

新花城

同学们
顶峰相见！
CASIO
人生的计算器
分毫不差地记录着
你的付出，
岁月从不辜负努力
广州日报
新花城

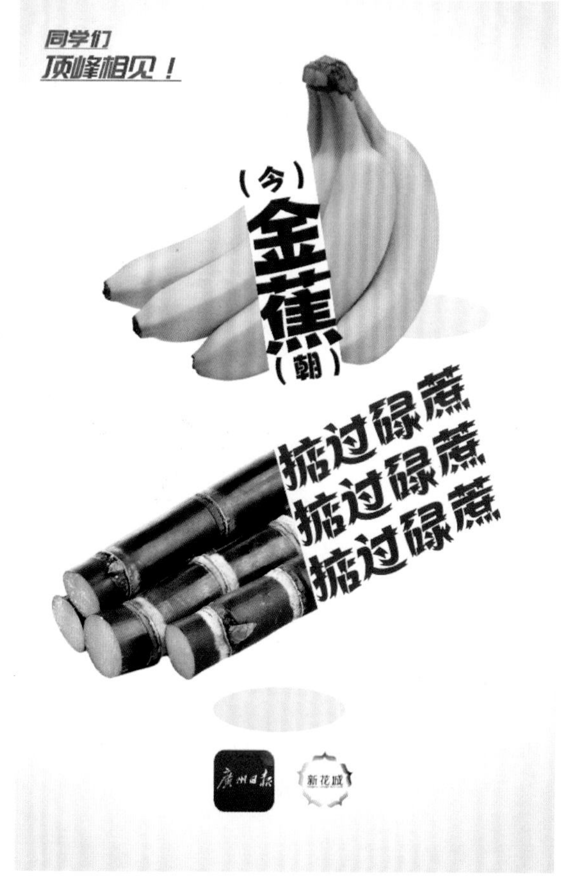

同学们
顶峰相见！
（今）
金蕉
（朝）
掂过碌蔗
掂过碌蔗
掂过碌蔗
广州日报
新花城

同学们
顶峰相见！
一碗靓汤的爱，
心里“暖粒粒”，
下笔更有力量
广州日报
新花城

6月

刊发时间
2021年
6月20日

《谢谢你，那个广州人！》

向平凡的广州人致敬

作品呈现形式：

短视频、海报

作品简介：

2021年6月，在广州5月本土疫情发生一个月的节点，广州日报推出微信条文作品《谢谢你，那个广州人！》和视频作品《你好，那个广州人》，该视频系原创填词，其中传递的"我们，就是广州。广州，就是我们。再坚持一下，再挺一挺。我们众志成城，一定能赢"的坚定信念鼓舞了无数广州人。

两个作品以平凡广州人的视角讲故事，浑身湿透的"最美背影"、"像河里捞出来"的医生、"这婚我们改日再结"的"兄弟"、深夜合唱《我和我的祖国》的街坊……通过盘点一个个令人破防的抗疫瞬间展示共建美好家园的向上力量。微信公众号阅读量19.4万，视频号播放量1400.7万，点赞量53.6万，转载近10万次。微信条文作品《谢谢你，那个广州人！》获得了2021年全国副省级城市党报媒体融合新闻大赛最佳案例奖。（朱雯芳）

谢谢
那个广州人！
6月2日晚，广州网友晒出雨中扛党旗运送物资的抗疫人员。成百上千的医护人员、工作人员奋战在抗疫一线，他们顶风沐雨，扛着党旗冲锋在前，感动万千网友。
广州日报
新花城
谢谢
那个广州人！
5月21日，90后小护士李佩真的背影成为感动了无数人的“最美背影”，在随后的日子里，无数医护人员拥有了同款背影，同款滴水的衣衫、“像河里捞出来”的身躯。
广州日报
新花城
谢谢
那个广州人！
“你是刚从河里面被捞起来的吗？”广州市红十字会医院肾内科主治医师胡建结束核酸采样后被同在医院工作的妻子调侃：“先是觉得太好笑，随后才想起来心疼。”
广州日报
新花城
谢谢
那个广州人！
在晓港湾核酸检测点，一名志愿者坐下来休息一下，但因为太累，顷刻间就睡着了。据统计，截至6月4日，广州就已发动志愿者超10万人次，服务时长超50万小时。
广州日报
新花城
感谢您们
风雨无阻
的守护我们！
致敬！
谢谢
那个广州人！
5月29日，95后新警翁杨舒在风雨中坚守岗位的这一幕被镜头定格，也被广州网友用画笔记录下来。
广州日报
新花城
谢谢
那个广州人！
因为疫情，广州医科大学附属中医医院抗疫护士林仰璇筹备已久的婚礼被打断。两人举办了一场简单而温馨的云婚礼，丈夫隔空对妻子表白“老婆老婆，我爱你！”
广州日报
新花城
登记照拍了，班算好了，假请好了，民政局约好了，连朋友圈的文案都想好了，我也去了中风险地区了注定与六一无缘兄弟，咱们改日再结
135 104
谢谢
那个广州人！
“兄弟，这婚我们改日再结”广州市妇女儿童医疗中心护士邹雁冰在朋友圈写道。6月1日她和男友本计划登记结婚，而当天她却身在荔湾支援核酸检测，随后更进驻高风险区白鹤洞街。
广州日报
新花城
谢谢
那个广州人！
800多辆出租车的驾驶员身穿隔离服，车辆一趟一消毒，以“点对点、一对一”的方式，整整三天只服务一名考生。
广州日报
新花城
医学观察区
高考加油
我们撑你
谢谢
那个广州人！
特别的考场，特别的守护。6月7日，在广州市八医院隔离病房考场2名考生顺利开考，医护人员专门做了两个爱心牌给他们打气。
广州日报
新花城

"共产党员，请接龙"征集活动

共产党员，都是真心英雄

作品呈现形式：

传播活动、报纸版面、海报

作品简介：

2021年6月，广州疫情发生反复，多个区域出现新发病例。疫情就是命令，广州各区立即行动，全力抗击疫情。其中，大量党员更是冲在一线、干在一线，担当起了抗疫先锋队的光荣角色。为了鲜活呈现这一群体的战疫英姿，同时展现他们的心路历程，达到以情感人的宣传效果，广州日报在新花城客户端等多个平台发起了"共产党员，请接龙"征集活动。上千位党员发来了自己的抗疫经历，倾诉自己不怕苦、不怕难，勇于奉献、不怕牺牲的真心话。广州日报集纳了几位抗疫党员的投稿，原汁原味地在报纸上进行呈现，于6月22日刊出，大标题为《战疫一线党员，个个是"超人"》。报道用朴实的语言、真实的故事，将党员的感人形象鲜活生动地表现出来。报道还选取了大量党员工作中的现场照片，使报道更具感染力。

该篇报道，创造了网上发起征集、报纸集纳报道，线上线下结合的中心工作宣传报道新模式，丰富了报道的组织形式，增强了报道的感染力，是广州日报力求实现中心工作宣传报道创新的一次成功尝试。（陶开河）

庆祝中国共产党成立100周年
共产党员，请接龙
战疫硬仗中的党员，喊出你的誓言来

本报6月17日启动的"共产党员，请接龙"活动收到数千篇心声故事

战疫一线党员，个个是"超人"

文、图/广州日报全媒体记者林晓丽、何钻莹、任珊珊、曾卫康、廖靖文、肖桂来、狄旭静、董业蔚、林霞红、陶卉河 通讯员李娜、白悟、梁凯涛、南宣、刘唯维、邻梦云、张献帅

战疫一线的共产党员，请喊出自己的誓言！本报于6月17日启动"共产党员，请接龙"活动，千万党员纷纷诉说心声，至今本报已收到数千篇心声故事。

在疫情防控这场没有硝烟的"战斗"中，无数党员冲锋在抗疫最前线，顶着酷暑暴雨连续作战，值守在每一个环节。每一名党员都是一面旗帜，每一个支部都是一座战斗堡垒。正是他们，用血肉之躯筑起了战疫的坚固长城。

为确保上前线，他在三个志愿者群报名

越秀区农林街道办事处副主任王齐刚做完肠息肉切除手术，还未充分休息，便毫不犹豫地奔赴全面核酸检测的前线，"组织需要我，我就不能缺席。"王齐果断地说。他以身作则，连续工作至凌晨，在开头最难的整整72个小时里仅仅睡了6个小时，但是他对大家说得最多的，不是自己多累，而是"大家辛苦了"。由于封控管理的大楼不具备基本的生活条件，在农林街党工委、办事处领带下，王齐多方联系、艰苦谈判，最终成功协调了两家宾馆，将封控区域内的人员及时进行了转运。

中山大学中山眼科中心临床一支部委员李轶擎在接到医院支援广州核酸采样的消息后，第一时间分别在医院的三个志愿者群报了名，希望提高"命中率"。他认为，"战疫"是光荣之战，每一个普通人都是英勇的战士，都在坚守着自己的阵地。党员，更应该冲锋在前，没有任何条件可讲。之所以重复报名，就是一定要上前线，确保被选中。后来，6月9日上午9时30分到下午3时，作为组长的李轶擎和同事们到矿泉街美博城，完成了2600余份采样。

从化区温泉镇卫生院原护理部主任李光英今年5月1日已经退休。由于群众注射疫苗的热情高涨，医院人手不够，她就主动申请返岗支援。5月24日，她正式加入了疫苗接种队伍。每日早上7时40分就要到达医院，晚上8时左右才回家。5月27日，卫生院的疫苗接种量达到连日来的高峰，她几乎没停过，水都不敢多喝。那天结束疫苗接种工作，她忍不住给自己捶了下背，后来被市民拍了小视频，在网上获得很多人点赞。

刘伟中帮小区业主搬东西，被人"偷拍"发到业主群里。

铮铮誓言

泰安社区党委书记周毅丹：大家说我们防疫一线工作者是逆行者，我觉得我们既是"逆行者"，也是群众"同行者"。群众是我们的力量源泉，正是因为有着群众的支持、鼓励和陪伴，我们共产党员才有了用之不竭的力量，才有了战胜疫情的勇气和信心。

中山大学中山眼科中心临床一支部委员李轶擎：在这场"防疫"之战中，每一个普通人都是英勇的战士，都在坚守着自己的阵地。这一切，都让我们更有信心有能力打赢这场抗疫保卫战！

从化区温泉镇卫生院原护理部主任李光英：有一分光发一分热，今生无悔。

越秀区农林街道办事处副主任王齐：疫情防控勇担当，投身一线践初心；聚焦基层强服务，砥砺奋进添新功。

①为了让老人更舒服一些，赵伟平或蹲着、或弓腰、或跪着给老人检测。

②周毅丹（左）在战疫中每天只睡3小时。

赵明月帮助老人操作二维码。

他为业主扛箱，他跪着为老人采样

6月3日晚，广州市地方金融监管局交流合作处二级调研员刘伟中所居住的荔湾区石围塘街被划为疫情封控管理区，只进不出。他立即赶往石围塘街逸彩社区居委会进行党员"双报到"，加入逸彩社区抗疫临时党支部和石围塘街道党工委党员突击队。封控管理10多天，社区进行了6轮核酸检测。每一个核酸检测的日子，他都全程参与，说话说到喉咙嘶哑，脸被灼热的阳光晒得黝黑，衣服湿透渗出层层盐花，维持秩序站久了腰酸腿软 一天下午，正在小区门口值勤，一位瘦小的女业主扛着一个大箱子从门口附近的超市回来。他赶忙跑过去帮业主扛箱子。女业主住在没有电梯的六楼，他咬紧牙关一口气把货送到了业主家里。这一幕被人拍下并发到业主群里"表扬"。

赵明月是海珠区消防救援大队"海蓝蓝"女子消防服务队副队长，也是一名"95后"青年党员。顶酷暑，冒暴雨，她的职责是为群众提供各种协助，帮助群众解决"小事"。她说，曾有一位老奶奶在二维码前站了许久，因为不会操作手足无措。她立即接过手机，飞快地为老人操作。她发现，在现场这样的老人还有很多。于是她帮助他们注册录入信息，一站就是五六个小时。

6月1日，番禺区钟村街社区卫生服务中心医生赵伟平接到一项特殊的任务——为番禺钟村敬老院老人和工作人员进行核酸检测采样。大部分老人都有一些基础疾病，还有老人卧病在床或坐着轮椅，甚至有老人存在失聪或失智的情况，需要耐心安抚。为了让老人舒服、安心地接受采样，赵伟平只能不断改变姿势：蹲着、弓腰、跨步，甚至跪在地上。他说，这种时候哪里顾得上自己舒不舒服，就想着怎样才能让老人们少折腾和更舒服些。

她是"超人妈妈"，每天只睡3小时

疫情发生后，南沙区珠江街泰安社区党委书记周毅丹坚守在一线，每天只睡3小时左右，办公室几乎成了"家"。最忙那几天，她每天只睡两个小时。她说，每当感觉身体坚持不下去时，就对自己说："坚持住！你是超人妈妈！加油！"泰安社区有500多人封控管理，这么多人不能出门，吃喝是个大问题。社区工作人员只有8个，为了当好500多人的贴心管家，物资采购、配送、生活垃圾处理 事无巨细都要提供一条龙服务，周毅丹经常累到虚脱。很多熟悉的居民在微信里、电话里叮嘱她保重，让她非常感动，她下定决心一定要把工作做到位，保护好居民。她说，儿子看到她穿的防护服，说"这是妈妈的战衣"，听到孩子这么说，她希望孩子把自己当成勇敢的女战士，披着铠甲出征，最终胜利归来，让大家和每个"小家"都过上安乐的日子。

广州医科大学副教授，广医三院支援东漖街医疗队队长臧磊说，为解决封闭封控区居民的就医问题，医院根据上级有关安排，派出医护人员驻点当地社区卫生服务中心以及协助上门诊疗。医疗队的任务就是保障封闭封控区内群众的就医治病需求，保一方百姓平安度过特殊时期。期间印象深刻的故事太多了：没有担架员，50岁的队员抱起患者上车；没有必需的敷料，护士姑娘想尽办法就地取材替患者分忧；没有时间休息，转运队员就在颠簸的车上闭目，听到患者一声咳嗽，又赶紧打起十二分精神，仔细查看有无病情变化。芳村住了很多老人，封闭封控管理让他们与子女一下子同城异域，这个时候医疗队员就是他们的依靠。一位因眼疾在医疗队协助下到区外就医的阿婆说："医疗队员就是我的指望啊！"整个团队不分日夜保障居民健康需求，臧磊个人更坚持支援期间不休一天。她认为，为群众办实事，就应该落实到日常工作的一点一滴，来不得半点虚假。

6月

刊发时间
2021年
6月24日

《“归零”膏》《云吞面，加油!》等创意漫画

广府美食为抗疫打CALL

作品呈现形式：
漫画

作品简介：

在疫情防控报道中充分开展新闻漫画创作，具有重要的社会意义。广州日报利用漫画形式，借助龟苓膏、云吞面等本土美食元素，策划推出了一系列抗疫主题漫画作品。其中，2021年6月，创作团队酝酿创作《“归零”膏》漫画，借助“龟苓膏”这一广东美食的意象和“归零”谐音，进行拟人化设计，形象气势昂扬，画面奇巧生动。漫画创作引发广大网友高度共鸣，展现了人们携手同心的伟大抗疫精神，凝聚起共同守护美好家园的强大力量。该漫画的谐音创意富有巧思，IP形象深入人心，是实现“大流量带动正能量”的优秀新闻漫画作品。作品刊发后，引起广泛传播和强烈社会反响。其中，在广州日报微博阅读量超200万，转评赞1.5万，上万网友接力转发、为此称道，有留言表示“会按时服用这款‘归零’膏”。而“‘归零’膏”更是在线上线下成为出圈“爆梗”，广东不少店家纷纷模仿、制造话题，再一次证明了该作品的社会价值和意义。《“归零”膏》获得2021年度广东新闻奖三等奖。

（何超）

GUANG 广州 ZHOU
2021
06.16
本地确诊
零
新增!
坚持住!!
别松懈!
广州日报
新花城

柒

《我宣誓》

百版特刊引发全城刷屏

作品呈现形式：

报纸百版特刊、原创视频

作品简介：

2021年7月1日，在中国共产党迎来百年华诞之际，广州日报推出百版特刊《我宣誓》大型全媒体特别报道，展现百年来中国共产党的壮阔征程和丰功伟绩，讴歌百年来中国共产党人的高尚品质和崇高精神，见证当代共产党员群体牢记嘱托、奋进新征程的铮铮誓言。报道获得省委宣传部阅评表扬，封面四连版获得2021年度广东新闻奖一等奖。（石善伟、汤新颖）

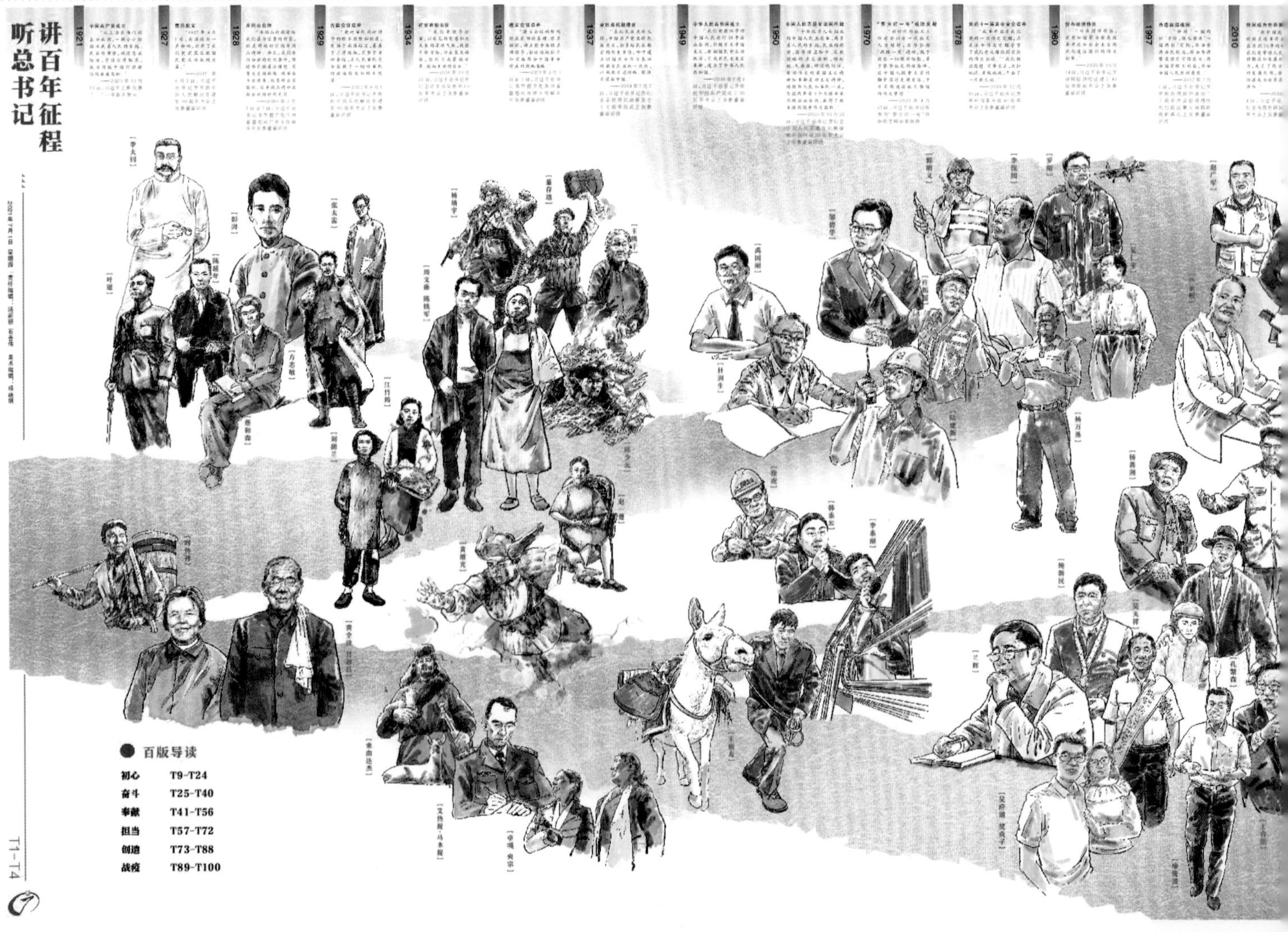

听总书记讲百年征程

● 百版导读

初心	T9-T24
奋斗	T25-T40
奉献	T41-T56
担当	T57-T72
创造	T73-T88
战疫	T89-T100

T1-T4

特别报道精采、精绘、精编、精校，全流程把控内容品质，打造收藏级新闻报纸。封面采用四连版形式，通过耗时月余、统一风格的精美手绘，集中呈现百年党史中的百名代表，一纸展现波澜壮阔的百年征程。特刊还邀请著名书画家许钦松挥毫题字，笔法飘逸遒劲，别有韵味。

追求最出色的新闻 广州日报 塑造最具公信力媒体 Guangzhou Daily

我宣誓

百年征程波澜壮阔 百年初心历久弥坚

"共和国勋章"获得者张富清、孙家栋，英雄机长刘传健，战疫"德叔"张忠德……这些优秀党员代表作为领誓党员，带领奋战在各行各业的百名党员，面向党旗举手握拳，用第一人称向党喊出铮铮誓言，在百年华诞的特殊党日，百名党员亮身份、亮形象、亮承诺，用誓言提振精气神、永远跟党走，用行动发力闯创干、奋进新征程。

作为广州日报庆祝建党百年报道的最重磅作品，百版特刊在见报的同时，从版面、手绘到图文，全部内容在广州日报全媒体平台同步推出，广州日报客户端和新花城客户端分别开设专题专页，根据报道内容制作不同的新媒体作品。

当日还同步推出原创视频《我宣誓》，将党的百年恢宏历史与新时代党员的铮铮誓言相融合，让“我宣誓”从纸面、画面变为声音、视频。

7月

刊发时间
2021年
7月1日

《向前跑，带着赤子的骄傲》

跨越百年，用奔跑接受精神洗礼

作品呈现形式：

H5

作品简介：

百年是一场奔跑，中国共产党的初心，在历经百年的洗礼和行进中愈发坚定。该动画 H5 从“奔跑”这一精巧的切入口切入，以一名党员的心声自述，历经新民主主义革命、社会主义革命和建设时期、党的十八大以来新时代的发展变化，从而窥见广阔的历史背景和党员的精神追求。在界面设计上，细节也十分考究，通过色彩的变化蕴含黎明、晨曦、曙光等的变化，通过沙漏等蕴含时间的推进，通过指南针寓意赶路方向……界面元素简约，线条清晰，韵味十足，寓意深刻。在互动上，作品融合运用了算法技术表达，用户填写入党年份即可计算出各自党龄并生成专属页面，实现极具个性的奔跑之旅，颇具匠心。此外，在界面设计上还融合了逐帧动画、低面设计和 3D 立体元素，让用户沉浸在一场跨越百年的奔跑中，更灵活、贴近、活跃、生动地展现党员的心路历程和党的奋斗发展之路。

这是一个让广大党员具有代入感、体验感的融合互动作品。在奔跑中，职业身份不断更迭，当举起右拳，宣誓的声音不断堆叠，营造的燃情氛围不断推进，用户在体验中可感受宣誓时刻的振奋，领略共产党人的气魄，激发出高度的情感共鸣，实现与其他用户的感受“同频共振”。该动画 H5 发布后，引起了广大网民尤其是广大党员的热烈反响，网友们纷纷点赞留言“奔跑吧！”“太感动了！”，引发广泛传播。

（何超）

长按奔跑

心里最初的声音，
不忘！

这个神圣的称号，
诞生在100年前的中国。
长按奔跑

《总书记讲述百年征程》

从石库门到天安门的故事

作品呈现形式：

短视频

作品简介：

7月1日，广州日报推出《总书记讲述百年征程》视频作品，该作品创新性地以党的百年历程中的重要节点为脉络，梳理了习近平总书记对各历史节点发表的重要讲话和金句，并结合历史画面和总书记原声，讲述和串联我们党的百年奋斗征程。

该作品以总书记为“主讲人”，以百年历程为“学习题纲”，以重要讲话为“学习资料”，内容归纳清晰，凝练创新，一目了然，画面生动，情感饱满，给广大党员干部群众上了一堂回顾百年奋斗历程的“必修课”。在中国共产党成立100周年的重要节点上，充分展现了我们党的奋斗发展之路和百年来形成的伟大建党精神，为庆祝建党百年和开展党史学习教育营造了浓厚氛围。（吴一钒）

广州日报
百年初心
历久弥坚

广州日报
1921
中国共产党成立

广州日报
2021
开启全面建设社会主义现代化国家新征程

《98 年前，广州值得铭记的 9 日》

漫画 +SVG 融合创新讲述党史

作品呈现形式：
原创漫画、SVG

作品简介：

2021 年 6 月 20 日，中国共产党第三次全国代表大会会址纪念馆改扩建竣工，重新开馆，一批珍贵资料也借此机会与公众见面。创作作品的初衷，就是借这个广州重要的红色史迹及重要史料再展新颜之机，梳理史料并结合展馆中陈列的展品，通过“漫画 +SVG”互动设计，复现 98 年前中共三大召开的 9 天，带领读者进行一次中国共产党人不忘初心的寻根之旅。

作品试图用漫画展现电影场景式分镜头画面，结合 SVG 点开互动设计，展开后出现轻阅读文案，选取情节性强、细节丰富的内容，以非虚构写作的笔法，试图还原 98 年前这 9 天中发生的重大历史事件的更多详情。作品发布后得到社会各界较好的反响，特别在年轻读者中，接受度较高。（朱雯芳）

中共三大会址纪念馆

3年6月12日-6月18日
中国共产党党纲草案
1923年6月20日
七十二烈士之墓
起来！饥寒交迫的奴隶
6月19日会议第8天
中央委员开票
陈独秀 40
蔡和森 37
李守常 37
王荷波 34
毛泽东 34
朱少连 32
谭平山 30
项德龙 27
罗章龙 25
候补：
邓培
张连光
徐梅坤
李汉俊
邓中夏

7月

刊发时间
2021年
7月6日

《桃源胜景广州寻》

误入桃源，我跌进了吉祥花城

作品呈现形式：

H5

作品简介：

《桃源胜景广州寻》H5作品以广州重要地点、建筑的名花为切入口，通过花城花语展现广州颜值，讲好广州故事。

该H5作品的故事情节在盛夏7月展开。主角划着小船，在绿叶繁花之间穿梭，不知不觉来到一道红色大门前。受众点击引导按钮，带领主角进入桃花源中，沿途看到海珠湿地的紫荆、云台花园的玫瑰、百万葵园的向日葵、宝墨园的荷花、暨南大学的蓝花楹等名花美景。主角心生好奇："这是什么地方？"这时，引导按钮再次出现，提示受众"长按吹气"，驱散云雾，主角恍然发现自己身处吉祥花城、大美广州。

该H5作品采用手绘风格，画面精美，构思巧妙，暗藏交互按钮，互动性强，是一款赏心悦目的城市印记H5作品。（梁倩薇）

秘境·桃源

点击前行

《全球城市最大规模核酸排查》

硬核数字尽显“人民至上”

作品呈现形式：

数据新闻、短视频、报纸版面

作品简介：

2021年5月，广州和德尔塔毒株正面交锋，截至6月，广州创下全球城市最大规模核酸检测行动纪录，多轮滚动全员核酸筛查采样累计超5750万份，同时广东累计完成超2.1亿人次核酸筛查。《全球城市最大规模核酸排查》作品立足本土，站位国家，面向全球，创新运用数据动画技术结合实景镜头的画面效果，中英文双语制作，全景动态呈现这一场全球城市最大规模核酸检测行动的进程和丰富的科技应用。该短视频以这一创全球纪录的检测行动为切入口，向海外平台用户全方位展现国内首次应战德尔塔毒株的战疫面貌，呈现了中国强有力的抗疫组织力和科技支持，展现了中国抗疫斗争的力量与信心，更显示了国家始终用行动贯彻“人民至上、生命至上”理念。同时，广州日报还利用数据新闻结合图形呈现的方式，同步推出《一图看懂全球城市最大规模核酸排查》版面。作品登上微博全城热搜第一，引起上万名网友参与话题投票，更在海外平台引发广泛传播，是利用新媒体技术手段，面向海外积极展示中国实力和中国精神的优秀国际传播作品。

（何超）

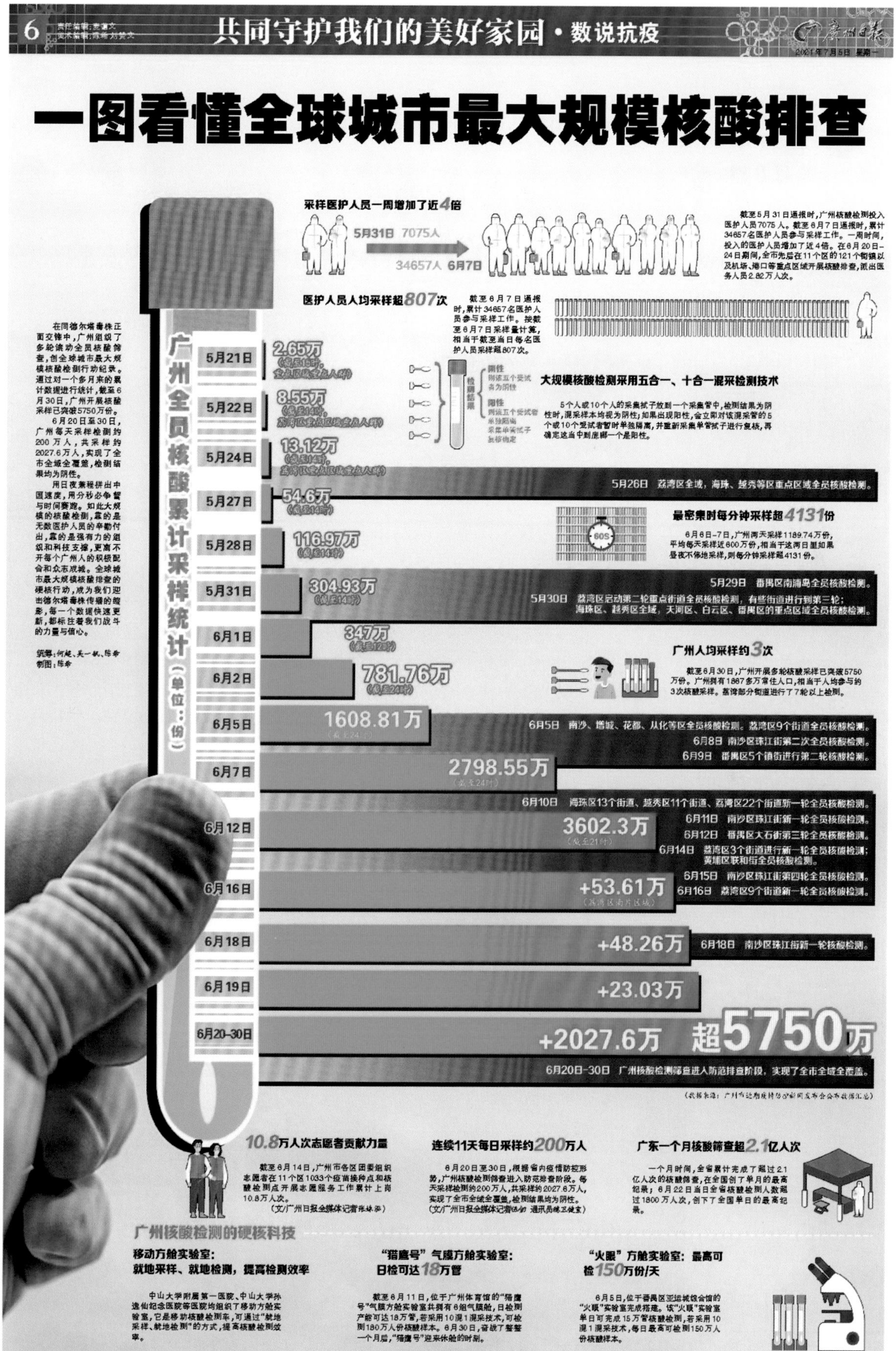

一图看懂全球城市最大规模核酸排查

在同德尔塔毒株正面交锋中，广州组织了多轮滚动全员核酸筛查，创全球城市最大规模核酸检测行动纪录。通过对一个多月来的累计数据进行统计，截至6月30日，广州开展核酸采样已突破5750万份。

6月20日至30日，广州每天采样检测约200万人，共采样约2027.6万人，实现了全市全域全覆盖，检测结果均为阴性。

用日夜兼程拼出中国速度，用分秒必争誓与时间赛跑。如此大规模的核酸检测，靠的是无数医护人员的辛勤付出，靠的是强有力的组织和科技支撑，更离不开每个广州人的积极配合和众志成城。全球城市最大规模核酸排查的硬核行动，成为我们迎击德尔塔毒株传播的缩影，每一个数据快速更新，都标注着我们战斗的力量与信心。

统筹：何姹、吴一帆、陈希
制图：陈希

采样医护人员一周增加了近4倍

5月31日 7075人 → 34657人 6月7日

截至5月31日通报时，广州核酸检测投入医护人员7075人。截至6月7日通报时，累计34657名医护人员参与采样工作。一周时间，投入的医护人员增加了近4倍。在6月20日—24日期间，全市先后在11个区的121个街镇以及机场、港口等重点区域开展核酸排查，派出医务人员2.82万人次。

医护人员人均采样超807次

截至6月7日通报时，累计34657名医护人员参与采样工作。按截至6月7日采样量计算，相当于截至当日每名医护人员采样超807次。

大规模核酸检测采用五合一、十合一混采检测技术

检测结果：阴性——则该五个受试者为阴性；阳性——则该五个受试者单独隔离，采集单管拭子复核确定

5个人或10个人的采集拭子放到一个采集管中，检测结果为阴性时，混采样本均视为阴性；如果出现阳性，会立即对该混采管的5个或10个受试者暂时单独隔离，并重新采集单管拭子进行复核，再确定这当中到底哪一个是阳性。

广州全员核酸累计采样统计（单位：份）

日期	累计采样	备注
5月21日	2.65万	（截至15时，重点区域重点人群）
5月22日	8.55万	（截至14时，荔湾区重点区域重点人群）
5月24日	13.12万	（截至14时，荔湾区重点区域重点人群）
5月27日	54.6万	（截至14时）
5月28日	116.97万	（截至14时）
5月31日	304.93万	（截至14时）
6月1日	347万	（截至12时）
6月2日	781.76万	（截至24时）
6月5日	1608.81万	（截至24时）
6月7日	2798.55万	（截至24时）
6月12日	3602.3万	（截至21时）
6月16日	+53.61万	（荔湾区南片区域）
6月18日	+48.26万	
6月19日	+23.03万	
6月20–30日	+2027.6万	超5750万

5月26日 荔湾区全域，海珠、越秀等区重点区域全员核酸检测。

5月29日 番禺区南浦岛全员核酸检测。

5月30日 荔湾区启动第二轮重点街道全员核酸检测，有些街道进行到第三轮；海珠区、越秀区全域，天河区、白云区、番禺区的重点区域全员核酸检测。

6月5日 南沙、增城、花都、从化等区全员核酸检测。荔湾区9个街道全员核酸检测。

6月8日 南沙区珠江街第二次全员核酸检测。

6月9日 番禺区5个镇街进行第二轮核酸检测。

6月10日 海珠区13个街道、越秀区11个街道、荔湾区22个街道新一轮全员核酸检测。

6月11日 南沙区珠江街新一轮全员核酸检测。

6月12日 番禺区大石街第三轮全员核酸检测。

6月14日 荔湾区3个街道进行新一轮全员核酸检测；黄埔区联和街全员核酸检测。

6月15日 南沙区珠江街第四轮全员核酸检测。

6月16日 荔湾区9个街道新一轮全员核酸检测。

6月18日 南沙区珠江街新一轮核酸检测。

6月20日–30日 广州核酸检测筛查进入防范排查阶段，实现了全市全域全覆盖。

（数据来源：广州市近期疫情防控新闻发布会公布数据汇总）

最密集时每分钟采样超4131份

6月6日–7日，广州两天采样1189.74万份，平均每天采样近600万份，相当于这两日里如果昼夜不停地采样，则每分钟采样超4131份。

广州人均采样约3次

截至6月30日，广州开展多轮核酸采样已突破5750万份。广州拥有1867多万常住人口，相当于人均参与约3次核酸采样。荔湾部分街道进行了7轮以上检测。

10.8万人次志愿者贡献力量

截至6月14日，广州市各区团委组织志愿者在11个区1033个疫苗接种点和核酸检测点开展志愿服务工作累计上岗10.8万人次。

（文/广州日报全媒体记者张林添）

连续11天每日采样约200万人

6月20日至30日，根据省内疫情防控形势，广州核酸检测筛查进入防范排查阶段。每天采样检测约200万人，共采样约2027.6万人，实现了全市全域全覆盖，检测结果均为阴性。

（文/广州日报全媒体记者伍仞 通讯员穗卫健宣）

广东一个月核酸筛查超2.1亿人次

一个月时间，全省累计完成了超过2.1亿人次的核酸筛查，在全国创了单月的最高纪录；6月22日当日全省核酸检测人数超过1800万人次，创下了全国单日的最高纪录。

广州核酸检测的硬核科技

移动方舱实验室：就地采样、就地检测，提高检测效率

中山大学附属第一医院、中山大学孙逸仙纪念医院等医院均组织了移动方舱实验室，它是移动核酸检测车，可通过“就地采样、就地检测”的方式，提高核酸检测效率。

“猎鹰号”气膜方舱实验室：日检可达18万管

截至6月11日，位于广州体育馆的“猎鹰号”气膜方舱实验室共拥有6组气膜舱，日检测产能可达18万管，若采用10混1混采技术，可检测180万人份核酸样本。6月30日，奋战了整整一个月后，“猎鹰号”迎来休舱的时刻。

“火眼”方舱实验室：最高可检150万份/天

6月5日，位于番禺区亚运城综合馆的“火眼”实验室完成搭建。该“火眼”实验室单日可完成15万管核酸检测，若采用10混1混采技术，每日最高可检测150万人份核酸样本。

7月

刊发时间
2021年
7月8日

《这样的烟火气，很广州！》

每个广州人都是主角

作品呈现形式：

短视频

作品简介：

为展现广州上下齐心协力，守护美好家园的强大力量和烟火气逐渐回归的美好场景，2021年7月，广州日报策划推出《这样的烟火气，很广州！》主题短视频。以“送你一朵小红花”“中国医生”“家好月圆”“少年的你”等知名影视片名为线索和思路，并结合“领衔主演”等电影式的包装手法，串联起共同守护美好家园的各个场景，以电影感的画面和剪辑手法，带领广大网友回顾这一场携手抗疫的历程，同时寄寓“点点滴滴像是电影放映，每个广州人都是主角”的主旨，蕴含了深深的人情味、烟火气、正能量。作品发布后，引发广泛传播，并被人民日报客户端转载，在该客户端上热点阅读量位居全天第二。（何超）

广州日报
家好月圆
领衔主演 全体广州市民

广州日报
送你一朵小红花
a Little redflower
领衔主演 一线工作人员

7月

刊发时间
2021年
7月19日起

“牢记初心使命　争取更大光荣·一把手访谈”

谈心得、讲愿景，一起奋进“十四五”

作品呈现形式：

报纸版面、海报

作品简介：

为深入学习贯彻习近平总书记“七一”重要讲话精神，广州日报在报纸和新媒体端口推出学习贯彻“七一”重要讲话系列策划之“牢记初心使命　争取更大光荣·一把手访谈”，专访各部门以及大型国企、民企的一把手40多位，结合“十四五”开局和“双统筹”，畅谈学习贯彻习近平总书记“七一”重要讲话精神心得思路，生动展现广州党员干部群众奋进“十四五”、以实际行动加快实现老城市新活力、“四个出新出彩”，奋力实现疫情防控与经济社会发展双统筹双胜利的举措和实效，在羊城迅速掀起学习贯彻“七一”重要讲话精神热潮。（张毓）

广州市教育局党组书记、局长陈爽：

打造全国教育改革发展标杆城市

“推进扩容提质，巩固学前教育“5080”成果，增加中小学、幼儿园公办学位供给。2021年全市新投入使用学校、幼儿园134所（含校、园区），新增提供学位超10万个，其中今年秋季新增计划招生数3.86万个。

——广州市教育局党组书记、局长陈爽

陈爽

将一体化推进重要讲话精神进校园

坚定不移推动广州教育高质量发展

（文/广州日报全媒体记者刘晓星 通讯员穗教宣）

“七一勋章”获得者

“守边老人”魏德友：

用不变初心 筑不朽界碑

新华社发

坚守一生的使命

始终不渝的初心

广州市人力资源和社会保障局党组书记、局长王健：

扎实推进实施“六大民心”工程

“实施就业扩容量“定心”工程，推动更充分更高质量就业；实施技能人才培育“匠心”工程；实施保障和改善民生“暖心”工程，健全完善覆盖全民的社会保障体系；实施激发人才增活力“舒心”工程；实施劳动关系促和谐“安心”工程；实施服务效能提水平“贴心”工程，让人社服务更加贴心、更有温度。

——广州市人力资源和社会保障局党组书记、局长王健

用心用情用力做实做好各项民生实事

扎实推进党的建设新的伟大工程

（文、图/广州日报全媒体记者何颖思 通讯员穗人社宣）

王健

广州市财政局党组书记、局长陈雄桥：

打好“铁算盘” 算好“民生账”

“安排困难群众医疗救助金2.48亿元，用于保障全市18.54万困难群众医疗救助待遇发放；切实保障困难群众基本生活，会同部门认真研究，科学测算，将市低保标准由每人每月1080元提高至1120元。

——广州市财政局党组书记、局长陈雄桥

文、图/广州日报全媒体记者何颖思 通讯员穗财宣

算好“发展账”，在服务全市工作大局上走在前

算好“民生账”，在保障民生福祉上求实效

陈雄桥

“七一勋章”获得者

社区工作者林丹：

赤诚丹心只为民

关爱“一老一少”解决群众后顾之忧

把党的工作做到群众心坎上

话有处说事有人办 做群众贴心人

广州市地方金融监管局党组书记、局长邱亿通：

加快大湾区国际金融枢纽建设

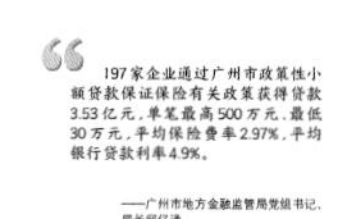

“197家企业通过广州市政策性小额贷款保证保险有关政策获得贷款3.53亿元，单笔最高500万元、最低30万元，平均保险费率2.97%，平均银行贷款利率4.9%。

——广州市地方金融监管局党组书记、局长邱亿通

文、图/广州日报全媒体记者林晓丽 通讯员张晨维

坚守金融为民，提升普惠金融服务水平

坚持党建引领，推动广州金融高质量发展

坚定理想信念，服务人民美好生活需要

邱亿通

7月

刊发时间
2021年
7月23日
至8月8日

东京奥运会主题新媒体作品

奥运健儿的荣光，我们记录

作品呈现形式：

视频、海报、长图

作品简介：

广州日报在国际重大体育赛事的报道上从不缺席，近年更是在融媒呈现上不断发力。2021年7月23日—8月8日，在奥林匹克精神的感召下，上万名运动员在东京奥运会拼搏、交流，情同与共，共同创造新的历史。广东共有43名运动员参加本届奥运会的多项赛事，勇夺5金6银2铜。

广州日报全程关注东京奥运会，开幕式前推出广东健儿名册海报，聚焦本届奥运会的广东运动健儿，为赛事做预热。开幕式当天即推出《超燃！100秒回顾广东28枚奥运金牌》短视频，精心盘点历届奥运会（1984—2016年）广东体育健儿的金牌佳绩，回顾他们夺冠的耀眼时刻，为本届实力超强的广东奥运健儿加油。视频感染力强，推出后微博话题阅读量超2000万，推特阅读量过万。

随后，广州日报围绕本届奥运会重要赛事和夺金点，连续推出多张像素漫画风奥运海报。海报根据赛事进程，抓住各位奥运健儿如广州"叻仔"陈艾森、樊振东，亚洲飞人苏炳添，中国女排队员（朱婷、张常宁等）等优势做文图提炼，并利用时下流行的连环漫画像素画风，设计超燃的画面效果。每期海报都在相关赛事前发布，为赛事预热，并成为受众身边的热点话题。（黄婉华）

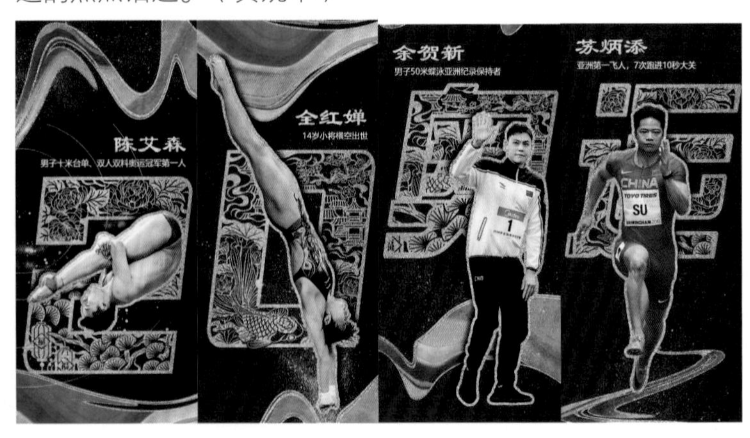

亚洲飞人起飞
燃爆东京
新花城

中国女子第一天团
上场
敢拼敢赢
新花城

陈艾森
曹缘
“王炸”组合
利剑入水
新花城

天际樊星
闪耀东京
小胖加油
新花城

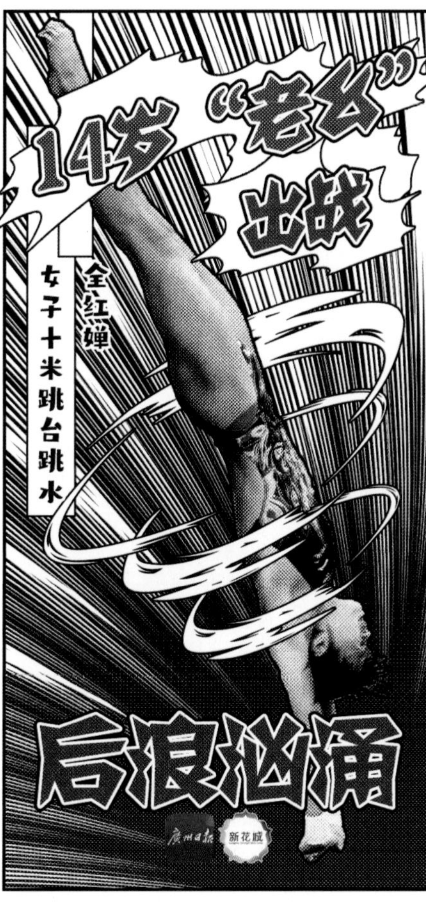
14岁“老幺”出战
全红婵
女子十米跳台跳水
后浪汹涌
新花城

“大魔王”征战东京
旋转吧，乒乓！
新花城

7 月

刊发时间
2021 年
7 月 28 日起

“牢记初心使命　争取更大光荣·我们闯创干”之“大项目连连瞰”

连起大项目 “瞰”出大发展

作品呈现形式：

报纸版面、短视频

作品简介：

为了深入学习贯彻习近平总书记“七一”重要讲话精神，7 月 28 日起，广州日报在“奋斗百年路　启航新征程”主题统领下推出“牢记初心使命　争取更大光荣·我们闯创干”之“大项目连连瞰”融媒体专栏和系列航拍视频，展现广州奋力实现疫情防控与经济社会发展双统筹双胜利，以实际行动加快实现老城市新活力、“四个出新出彩”、奋进“十四五”，在新的“赶考”之路上交出优异广州答卷。

“大项目连连瞰”专栏精选广交会四期、黄埔湾区半导体产业园、白云机场三期、南沙港四期、国家纳米科学中心等龙头产业项目，覆盖数字经济、生物医药和新型显示集成电路等新兴产业，以大项目为切入口，通过记者实地探访，凸显广州强化科技创新引领支撑服务高质量发展，展现全市上下牢记使命“闯创干”的干劲和成效。

报道和视频在广州日报微博、广州日报客户端和新花城客户端以及第三方平台广泛传播。其中，7 条航拍视频短片均被学习强国全国总台选用，全网点击量近 720 万。（王晨阳）

奋斗百年路 启航新征程　3
中美天津互动
释放了什么信号？
飞“阅”广交会四期
智慧工地如火如荼
我们闯创干
融合保警荣

2　奋斗百年路 启航新征程
湾区半导体产业园画蓝图
集成电路产业集群现雏形
我们闯创干

广州日报　奋斗百年路 启航新征程　3

省领导调研疫情防控等工作

“十三五”广州金融业发展稳健

能级『升舱』可期
广州国际交通枢纽

项目名片

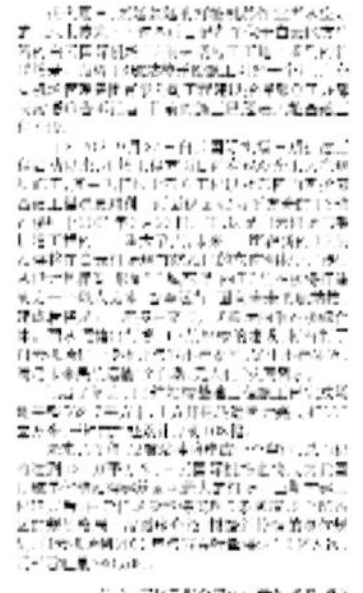

打造纳米技术产业新高地

造世界一流工程
建世界一流名校

码头智能化 人力省七成

为了充分展现每个大项目攻城拔寨、热火朝天的建设姿态，系列报道每篇均以“图片＋视频”的形式呈现，通过航拍图、施工现场图、效果图以及航拍短视频全景式鸟瞰大项目的推进情况。同时，通过设计制作“项目名片”，报道用最直观的方式呈现每个大项目的投资金额、功能定位、未来前景等信息，方便读者全面了解项目情况，感受广州加快实现老城市新活力、“四个出新出彩”的奋进之姿。

捌

8月

刊发时间
2021年
8月4日

“牢记初心使命　争取更大光荣·我们创闯干”之“改革者有一套”

聚焦改革者破局者 探寻“闯创干”密码

作品呈现形式：

报纸版面、短视频

作品简介：

为了深入学习贯彻习近平总书记“七一”重要讲话精神，8月4日起，广州日报推出“牢记初心使命　争取更大光荣·我们闯创干”之“改革者有一套”融媒体专栏，通过剖析亮点项目，对话改革先锋，提炼宝贵经验，凝聚创新锐气，深入展现广州上下大胆闯、大胆试、自主改，努力打造更多改革品牌的生动实践。

报道选取改革创新经验复制推广清单和国务院督查激励项目涉及的典型案例，通过记者深入一线探寻其中的改革创新密码。例如，《当烟火气遇上文艺范》一文中，记者探访荔湾区泮塘五约，感受这座具有900多年历史的岭南古村在政府主导、多方参与活化的改造下，由“烂融融”的家门口变身“网红”打卡点，生动展现广州创新推进历史文化街区活化提升。

奋斗百年路 启航新征程　7

广州东部公铁联运枢纽主体工程年内开工

村里派我来巡山

增城区多举措推进林长制试点工作

白云首个国企打造的租赁住房项目开租

番禺工业经济总部园区已有17家企业入驻

2　奋斗百年路 启航新征程

看，这座环保公园能“吃”垃圾

强劲韧性经受考验 中国经济未来可期

除了生动鲜活的案例，报道还与参与这些改革的相关负责人对话，他们分享了改革历程和心得体会，讲述一个个创新举措如何实现“破圈”“出圈”。例如，《首席服务官不是一个人在战斗》一文中，记者对话广州市商务局招商处处长，生动讲述广州如何吸收、总结各区重大产业项目“3+X”招商服务机制实践经验，将“首席服务官”从一个人变成“一支队伍”，把更多的好项目留在广州。（张毓）

必须加强中华儿女大团结

——“以史为鉴、开创未来”系列述评之八

新华社北京8月3日电 “以史为鉴、开创未来，必须加强中华儿女大团结。”在7月1日举行的庆祝中国共产党成立100周年大会上，习近平总书记深刻道出实现民族复兴不可或缺的密码。

群力谁能御，齐心石可穿！长期以来，中国共产党团结海内外全体中华儿女，克服一个又一个困难，战胜一场又一场挑战，实现了一步又一步的战略部署，成就了一个古老民族永不停歇的前进脚步。

历史一再证明，中华儿女大团结是国家发展进步的巨大优势，是实现民族复兴的强大动力。

同经风雨：中国共产党始终把统一战线摆在重要位置

“团结就是力量，团结就是力量！”党的百年华诞之际，这首诞生于硝烟中的歌曲在中华大地唱响。

众力并则万钧举，人心齐则泰山移。百年奋斗历程中，中国共产党始终把统一战线摆在重要位置，不断巩固和发展“同行者”和“同盟军”。

谁是敌人，谁是朋友？诞生在外有列强虎视眈眈、内有军阀倒行逆施的年代，这个“革命的首要问题”考验着年轻的中国共产党。

“共同建立一个民主主义的联合战线，向封建式的军阀继续战争”。1922年6月，中共中央发表《中国共产党对于时局的主张》指出，为了完成无产阶级在目前最迫切的任务，中国共产党主张同国民党等革命党派，以及其他革命团体，建立民主主义的联合战线，反对共同的敌人，使中国人民从帝国主义和封建军阀的双重压迫下解放出来。

此后，从民主联合战线、工农民主统一战线，到抗日民族统一战线、人民民主统一战线，各条战线的形成为党完成各个历史时期的任务提供不竭力量。

新中国成立后，伴随着党和国家工作重心的转移，统一战线的主要任务也发生着改变。

社会主义建设时期，大量科技文化人才、社会贤达、海归华侨纷纷投身祖国建设。党的十一届三中全会以后，通过落实知识分子、民族、宗教等政策，党外人士投身改革开放事业的积极性、主动性得以极大调动。党领导的新时期爱国统一战线犹如满载改革和建设力量的巨轮，乘风破浪，奋力前行。

当时间的指针进入新时代，我们需要怎样的统一战线？

2020年12月21日，中共中央发布新修订的《中国共产党统一战线工作条例》，体现了新形势新任务对统一战线工作的新要求，对于加强党对统一战线工作的集中统一领导，巩固和发展最广泛的爱国统一战线，为全面建设社会主义现代化国家、实现中华民族伟大复兴的中国梦凝心聚力，具有重要意义。

人心是最大的政治，共识是奋进的动力。百年来，中国共产党将统一战线视为党的事业取得胜利的重要法宝，始终与党外人士同经风雨、肝胆相照。

同步而行：画出最大同心圆

2018年3月11日，人民大会堂万人大礼堂。

伴随着如潮的掌声，《中华人民共和国宪法修正案》高票通过。“致力于中华民族伟大复兴的爱国者”作为“爱国统一战线”中的新主体载入了国家根本大法。实现中华民族伟大复兴，就要团结一切可以团结的力量，正确处理一致性和多样性的关系，形成最大公约数，画出最大同心圆。

——画出最大同心圆，要始终坚持中国共产党的领导。

上海兴业路76号，一幢石库门楼房，见证了开天辟地的大事变。浙江嘉兴南湖，一叶红船，摆渡了曾暮霭沉沉的中国。

今年6月5日，一批特殊的客人来到上海、浙江嘉兴，瞻仰中共一大会址和嘉兴南湖红船，并举行座谈会，庆祝中国共产党成立100周年。他们是各民主党派中央主席、常务副主席和无党派人士代表。

“中国共产党永远是中国人民最可靠的主心骨和领路人。我们将始终保持同中国共产党同心同德、团结奋斗的政治本色。”一位民主党派的主要负责同志说。

同心圆画得再大也只有一个圆心，这个圆心就是坚持中国共产党的领导。中国共产党领导是统一战线最鲜明的特征，坚持党的领导是统一战线最根本、最核心的问题。新时代，只有不断加强党对统一战线工作的集中统一领导，才能保证统一战线始终沿着正确政治方向前进。

——画出最大同心圆，要巩固共同的思想政治基础。

2020年初新冠肺炎疫情肆虐时，为了支援武汉，美国洛杉矶几位年轻侨胞凑钱买了防疫物资。当被告知国内清关必须留名时，他们只写下四个字：“中华儿女”！

中华儿女大团结有着根深蒂固的思想基础和牢不可破的情感联系。

团结统一的中华民族是海内外中华儿女共同的根，博大精深的中华文化是海内外中华儿女共同的魂，实现中华民族伟大复兴是海内外中华儿女共同的梦。

因为共同的根而情深意长，因为共同的魂而心心相印，因为共同的梦而同心同德。只有不断巩固共同的思想政治基础，才能形成强大的向心力，让同心圆更加稳固。

——画出最大同心圆，要围绕党和国家工作大局发扬求同存异、体谅包容的优良传统。

“我要向四部委各提一个建议。”2021年3月7日，在全国政协全体会议期间召开的界别协商会议上，国家特种计算机工程技术研究中心主任陈志列委员开门见山。听完发言，参会的国家发改委副主任连维良马上作出回应。当天下午，十几个中央和国家机关有关单位负责同志参会，听取委员们的意见和建议。

统一战线是由不同的阶层、党派、团体等组成的，差异性是统一战线存在的客观条件。只有尽可能通过耐心细致的工作促进不同思想观点的交流互鉴，才能形成既畅所欲言、各抒己见，又凝聚共识、共促奋进的良好氛围，从而延伸包容的多样性半径。

同谋复兴：汇聚起团结奋斗的磅礴力量

“中国很大，如果团结，大就是它的力量；如果不团结，大就是它的负担。”海外有识之士曾经这样评价。

长期以来，为了实现中华民族伟大复兴，中华儿女同舟共济、携手前行，谱写下一曲曲大团结大联合的壮丽篇章。

——他们致力于厚植中华民族共同的精神家园，最大程度凝聚人心。

少数民族人士积极宣传党的民族政策，带头促进各族群众广泛交往、全面交流、深度交融；宗教界人士对宗教教义教规作出符合当代中国发展进步要求、符合中华优秀文化的阐释，促进宗教与社会主义社会相适应；港澳同胞始终强调坚持和完善“一国两制”制度体系，支持港澳融入国家发展大局；台湾同胞及其在大陆的亲属不断发展壮大爱国统一力量，反对“台独”分裂活动，不断推进祖国和平统一进程。党外人士充分发挥自身团结各界、联系广泛的优势，为凝聚人心贡献力量。

——他们建言献策支招，最大范围凝聚智慧。

从新中国成立初期，出国和归国留学人员放弃海外优渥的生活，投身祖国建设热潮；到抗击疫情的非常时刻、脱贫攻坚的广阔战场，党外知识分子等深入调研、积极建言，发挥“智库”作用；再到多党合作制度框架内，民主党派、无党派人士等积极履职尽责、参政议政。党外人士充分发挥人才荟萃、智力密集的优势，为推动党和国家事业发展献计献策。

——他们积极履行社会责任，最大限度凝聚力量。

大量分布于新业态的新的社会阶层人士，为社会主义事业发展贡献创新创业的活力；非公有制经济人士为完善社会主义市场经济贡献力量；华侨、归侨及侨眷为推动我国现代化建设、推进祖国和平统一大业、传播中华文化等方面发挥积极作用。长期以来，党外人士总能与党和国家坚定地想在一起、站在一起、干在一起。

人心向背、力量对比是决定事业成败的关键。

全面建设社会主义现代化国家新征程已经开启，向第二个百年奋斗目标进军的号角已经吹响。在同心共筑中国梦、携手奋进新时代的新长征路上，加强中华儿女大团结，不断巩固和发展最广泛的统一战线，最大限度凝聚起共同奋斗的力量，必将继续创造属于中华民族共同的辉煌。（高蕾、王琦、范思翔、徐壮）

改革者有一套①

开篇语：

改革不停顿，开放不止步。近年来，广州牢记习近平总书记殷殷嘱托，鼓励各区各部门在遵循中央顶层设计和省委、市委改革部署的前提下，结合实际积极探索创新，持续推出一系列具有示范推广意义的改革创新成果。今起，广州日报推出“牢记初心使命 争取更大光荣·我们闯创干”之《改革者有一套》全媒体系列报道，聚焦广州市第二批改革创新经验复制推广清单，通过剖析亮点项目，对话改革先锋，提炼宝贵经验，凝聚创新锐气，深入展现全市上下大胆闯、大胆试、自主改，努力打造更多“广州改革品牌”的生动实践。

一期治理后的鸭洞河 图/生态设计小镇

从化探索建立河涌治理政、企、村合作共建共治共享机制

从“离水远点”到每日巡河

广州经验

探索建立河涌治理政、企、村合作共建共治共享机制，以政府为主导、社会资金参与的模式，多渠道筹措河道建设和管理资金。由政府主导河道治理工程，企业承担河滩绿化建设与后续养护费用，发展生态经济产业解决河道管护费用，减轻财政压力。同时，依托行政村党组织，积极发动村民配合提供施工走廊，支持项目建设及水系环境整治，实现政、企、村多方共建共治共享。

从高空俯视从化生态设计小镇，群山环抱，鸭洞河在其间缓缓流淌。“以前是与水对抗，现在是人水和谐。”站在从化鸭洞河边上，从化区水利水电建设管理中心副主任戴新隆说。

用塘尾村村民朱建英的话来说就是：从前只要一下暴雨，鸭洞河的水就会漫上村庄，最深的那一次，人在屋里，水能浸到膝盖。村子傍水而建，这条流经家门口的鸭洞河也给村民带来不少烦恼。鸭洞河发源于山上，汇入流溪河，是典型的山区河流。水文特征导致河流逢暴雨天必水浸街；湍急的河水也让附近的村民操了不少心，总叮嘱小孩要离水远点。

2018年，伴随着从化生态设计小镇的建设，鸭洞河的治理工程启动。结合“五位一体”和政、企、村合作共建共治共享机制进行河道治理，如今，鸭洞河防洪排涝等基础功能萎缩的问题已得到解决，防洪标准提高到20年一遇，沿岸碧道加上嵌入式的亲水驳岸成了小镇一道特色风景，这条流经家门口的河成了村民们茶余饭后的聚集地。沿着一河两岸，以生态设计为主的企业依次落建，

案例剖析

从三方共治到三方共享

依水而建的村庄因水而繁荣起来。

原始河流变生态小镇“迎客厅”

2018年，从化建设生态设计小镇。政府主导启动鸭洞河治理工程，统筹10.6公里河道的上下游、左右岸资源，首期投入2000万元进行整治。

鸭洞河的治理引入了“水安全、水资源、水环境、水生态、水文化”综合系统治理概念，“五位一体”开展河道治理。针对山区河流的水文属性，从化从鸭洞河约1公里的河道里清出了6万多立方米的沙土，之后又加高了堤岸，防洪标准提高到20年一遇，还对河道的堤角做了护角处理。此外，还统筹山、水、林、田、湖、草等生态要素，以水为链，以碧道为纽带，串起从化区的特色小镇。

水清了，河堤固了，防洪的标准也提高了。“河道治理是一时的，河道管护是永久的。”戴新隆说。在治理河道过程中，如何让这条河持续发展下去成了急需解决的问题。

此时，企业和村民就成了一支不可或缺的力量。坤银泰铭集团是生态设计小镇的运营方，它主动承担起鸭洞河的管护责任。该集团有关负责人介绍，前期主要在河岸景观微改造上发力。在充分考虑人类亲水天性的基础上，集团投入了2500万元实施河道景观微改造，规划建设占地120万公顷的生态公园，“嵌入式”建设亲水驳岸、湿地栈桥、文化长廊等10余个景观节点，将一条原始的河流打造成生态设计小镇的“迎客厅”。今年，鸭洞河的石头滚水堰受到破坏，生态设计小镇运营方主动出谋划策，重新修建了一个更坚固的块石水陂。

在河道治理后期，生态设计小镇运营方将从可持续发展的角度适度开发河流的经济价值，利润将以村企合作的方式分配。此外，运营方还会承担起部分河段后期的管护费用。

家门口的水清了，村民是最直接的受惠者。在跟小孩唠叨“离水远点”20多年之后，2021年，朱建英当上了村级河长，负责巡视鸭洞河。如今她几乎每天都会抽时间巡河。打开巡河的APP，边走边留意是否有生活垃圾、有污水排出。遇到简单的问题，自己解决，解决不了的，就及时在APP里上报，等专人处理。“自己家门口的河，肯定希望它干干净净，漂漂亮亮。”朱建英说。

一条河串联起了政府、企业和村民

曾经一到暴雨天就泛滥成灾的鸭洞河如今是村民茶余饭后的好去处。亲水驳岸还吸引了不少游客前来游玩。据生态设计小镇统计，2020年“五一”期间，适逢鸭洞河一期生态治理完工不久，整个假日的人流量达到了50万人次。那个假期，朱建英自家建的两层民宿提前一个月就被订满了。“我的民宿2015年开始营业，明显感受到民宿的生意越来越好，每逢节假日早早就被订满了。”

依水而建，因水而兴。随着鸭洞河及周边环境的提升，省工业设计研究院、高校团队、设计师村、高端酒店纷纷落户生态设计小镇。塘尾村集体年收入由30万元提高到90万元。目前，已有84家与生态设计相关的企业入驻小镇，小镇建成全国首个生态设计产业集群，预计年产值达50亿元，年税收达到2.5亿元，

一条鸭洞河，串联起了政府、企业和村民，过去的旁观者变成了参与者、建设者和管护者。“鸭洞河的治理是我们五位一体、河涌治理政、企、村合作共建共治共享机制的一个生动案例。”戴新隆说。

2020年，广州从化成功入选国家水系连通及农村水系综合整治试点县名单。从化将推广鸭洞河的治理经验，因地制宜，以河流水系为脉络，以特色小镇为节点，集中连片规划建设，水域岸线并治，综合治理全区8个镇街、总长107公里的21条河流，一体推进“一轴、六域、二廊、八节点”建设，打造河畅、水清、堤固、岸绿、景美的“从化样板”。

全局扫描

开门治水 人人参与

因水得城，依水而建。一条珠江穿城而过，上百条河涌汇入广州，水是这座城市的灵魂。

广州历来高度重视治水工作，从20世纪80年代的新河浦涌和沙河涌整治，到20世纪90年代的珠江截污，再到“一年一小变、三年一中变、十年一大变”和亚运治水，均取得了阶段性成效。自全国全面打响污染防治攻坚战以来，广州治水进入了历史新阶段。如今广州探索出源头治理、河长制、智慧水务等一系列河道治理措施。

“开门治水、人人参与”是广州治水的一大特色。广州在原3030名四级河长、828名四级湖长、3296名自然村河段长的五级河长体系基础上，向上延伸设置9大流域市级河长，向下延伸对全市19660个标准网格设置了网格员18416名，发挥一线“哨哨”作用，形成了多级治水体系。

数说广州河涌治理

目前，广州市共有民间河长8811名，其中党员河长3867名、企业河长232名、学生河长188名、志愿者河长3599名、热心市民河长925名。

截至2020年，广州全市147条黑臭水体全部消除黑臭，13个国省考断面全面达标。

2020年，广州市共新建污水管网7781公里，新（扩）建污水处理厂6座，全市污水处理能力达到约769万吨/日，位居全国第二。

改革者说

水惠民生，共建共治才能共享

在河道治理过程中，从化探索出一套政、企、村合作共建共治共享机制。从化区水利水电建设管理中心副主任戴新隆表示：“原来治理河道就是从化区水务局和村三级的河长，如今增加了企业河长、村民河长和网格员，加入了企业和村民的力量。所有的河道建设都是一时的，但河道管护是永久的。如何永久性管护河道向来是治水最大的难题，我们通过这样的机制激发企业、村民的内生动力，企业沿河发展生态产业，村民主动保护河流，合力解决河道后期管护的难题，降低了管护成本。”

水惠民生，共建共治才可以共享。戴新隆表示，从化通过河道治理实行水域、岸线并治，连片建设，使水周边的生态环境得到系统提升，以此产生了良好的经济效益。此外，从化将水文化嵌入特色小镇战略，把“蜻蜓点水”式的观光变为“沉浸式”游憩。产业因水而兴、小镇因水而美、民众因水而乐，生态效益、经济效益、社会效益相得益彰。

从化区水利水电建设管理中心副主任戴新隆

接下来，从化将继续探索治水经验，计划融入智慧水利，辅助科学决策，在实行“APP+河长制”的智慧河道管护模式上，融入水利信息化技术在线监测鸭洞河等示范廊道，积极探索建立覆盖全区的河道信息化管理平台，全面提升水利系统科学决策水平；此外，从化通过水串珠成链，再连成片，把乡村振兴、特色小镇、人居环境整治、万里碧道等统筹起来，推动实现治水、治岸、治城相统一，达到全区域的乡村振兴。

文、图/广州日报全媒体记者何姑蛩（除署名外）

8月

刊发时间
2021年
8月14日

《请查收宇宙级浪漫!》

太空元素混搭七夕 看这份中国式浪漫

作品呈现形式：

海报

作品简介：

为了凸显七夕的浪漫，作品没有选择从普通爱情形象着手，而是将立意拓展到宇宙探索。在七夕当天，《请查收宇宙级浪漫!》创意海报结合了“鹊桥”“祝融号”、地月合照等中国航天建设成果，同时将富有诗意的航天成果拟人化、情感化、浪漫化，如把历次“地月自拍”比喻成最佳CP的甜蜜合照、把太空中的“鹊桥”中继星比喻成情感的连接桥……该作品让航天元素在七夕这一天成为中国式浪漫的绝佳代名词，极大地凸显了浪漫氛围，也成为弘扬航天精神和科普航天知识的有效渠道。系列海报创意上佳、精巧可爱，在全网引发了广泛传播，其中在学习强国平台获得超25万阅读量。(何超)

天上星辰大海
都是中国式的浪漫
祝融
天问一号
北斗
玉兔
鹊桥
神舟十二号
天和
这才是宇宙级的浪漫

牵线的鹊桥
我们的思念有了依靠
成功实现人类首次地月平动点中继通信的"鹊桥"中继星，
在轨运行已满3年，即将超期服役。
这才是宇宙级的浪漫

穿越座块沙丘
我要开拓
一条到你心里的道路
截至2021年8月6日，祝融号在火星表面累计行驶突破800米。
这才是宇宙级的浪漫

最佳的CP
要拍最甜蜜的合照
这才是宇宙级的浪漫

《世界一流港口，起锚》

数说广州国际航运那些事儿

作品呈现形式：

报纸版面、长图

作品简介：

2021年8月，广州发布《建设广州国际航运枢纽三年行动计划（2021—2023年）》。广州日报迅速反应，于文件发布次日刊发了《世界一流港口，起锚》数据可视化专版。这是本地媒体首次全面梳理广州国际航运实力与发展目标的数据新闻版面，借助精美图表等可视化形式，从航运体量、物资运送种类、航线分布、邮轮游艇产业等4个方面、共计近20个指标进行分析，直观清晰地展现《建设广州国际航运枢纽三年行动计划（2021—2023年）》带来的重大成就，版面信息丰富、可读性强。设计选用港口码头的宏大场景，版面主题突出、层次鲜明、色彩明亮，带来强烈的视觉冲击。此外，编辑从权威渠道搜集、总结了建设广州国际航运枢纽的成绩，梳理了具体发展目标，不仅做到“硬新闻，软落地”，也使枯燥难懂的数据变得一目了然，实现版面内容与设计的完美结合。最终，报道受到业内人士、相关部门的广泛好评。不少读者纷纷留言，对报道内容和版面形式点赞，并给予高度评价。

除在《广州日报》刊发专版外，广州日报全媒体平台第一时间编发新媒体推文、制作可视化长图，于广州日报客户端、新花城客户端、广州日报“两微”（微信公众号、微博）以及人民日报新媒体、今日头条等平台推出，线上线下同步传播，微信公众号等新媒体平台的阅读量超10万，取得了良好的传播效果。（麦蔼文）

《建设广州国际航运枢纽三年行动计划》公布，广州港成绩单相当亮眼，下一步更要打造成世界一流港口。来看看广州港到底牛在哪？

① 广州航运胃口有多大？

2020年广州港完成货物吞吐量6.36亿吨，较2017年，国际排名由第5位提升至第4位。
完成集装箱吞吐量2351万TEU（集装箱标准箱），较2017年，国际排名由第7位提升至第5位。

在新华·波罗的海国际航运中心发展指数中，广州从2017年的第23位上升至2020年的第13位。

② 广州的朋友圈有多宽？

截至2020年，广州港集装箱航线达226条，外贸航线120条，内贸航线106条。

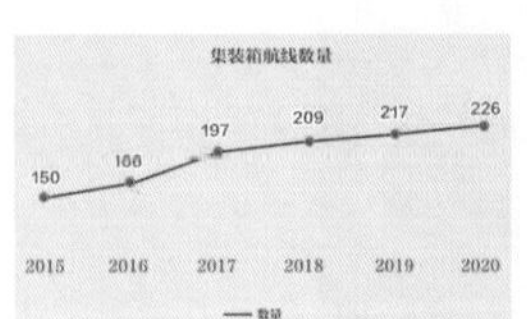

截至2021年7月底，外贸航线新增14条，广州港集装箱航线达240条。

③ 广州的航运物资种类有多全？

广州港大宗物资运输货种门类齐全，粮食、石油及制品、钢铁等大宗货类运输创近年来新高，是国内一流的滚装汽车接卸港口，“十三五”期间，广州港的粮食货类市场份额稳居华南地区第一位。

2020年，完成商品汽车吞吐量150万辆。

2020年，广州港完成粮食吞吐量2686万吨，居全国港口第一位。

广州航运交易所三年完成船舶交易2191艘，交易金额88.17亿元。黄埔区、南沙区现代航运服务产业集聚成效凸显。

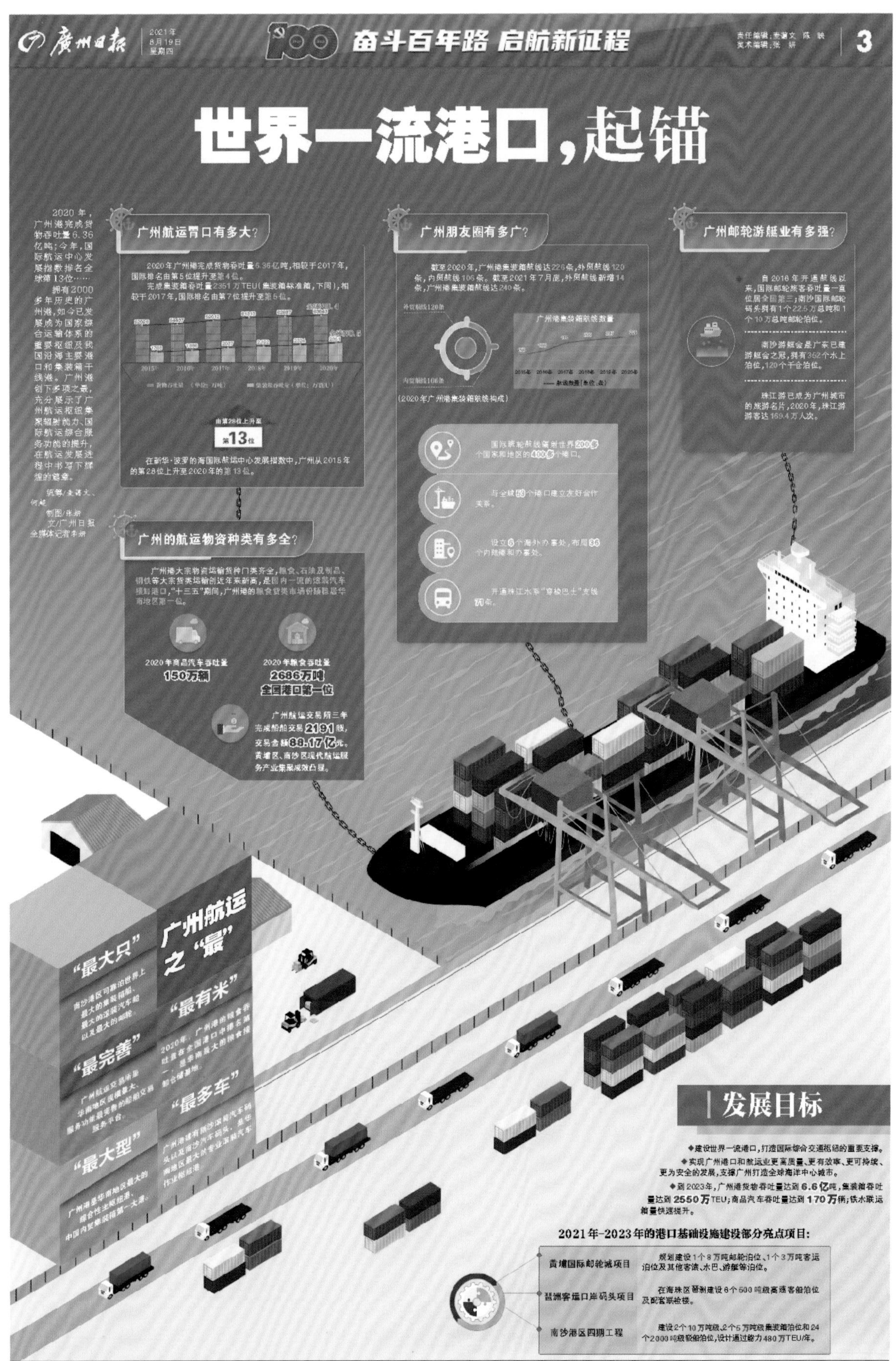

世界一流港口，起锚

2020年，广州港完成货物吞吐量6.36亿吨；今年，国际航运中心发展指数排名全球第13位……

拥有2000多年历史的广州港，如今已发展成为国家综合运输体系的重要枢纽及我国沿海主要港口和集装箱干线港。广州港创下多项之最，充分展示了广州航运枢纽集聚辐射能力、国际航运综合服务功能的提升，在航运发展进程中书写下辉煌的篇章。

统筹/麦道文、何颖 制图/张妍 文/广州日报全媒体记者李妍

广州航运胃口有多大？

2020年广州港完成货物吞吐量6.36亿吨，相较于2017年，国际排名由第5位提升至第4位。

完成集装箱吞吐量2351万TEU（集装箱标准箱，下同），相较于2017年，国际排名由第7位提升至第5位。

在新华·波罗的海国际航运中心发展指数中，广州从2015年的第28位上升至2020年的第13位。

广州朋友圈有多广？

截至2020年，广州港集装箱航线达226条，外贸航线120条，内贸航线106条。截至2021年7月底，外贸航线新增14条，广州港集装箱航线达240条。

（2020年广州港集装箱航线构成）

国际班轮航线辐射世界200多个国家和地区的400多个港口。

与全球53个港口建立友好合作关系。

设立6个海外办事处，布局36个内陆港和办事处。

开通珠江水系"穿梭巴士"支线70条。

广州邮轮游艇业有多强？

自2016年开通航线以来，国际邮轮旅客吞吐量一直位居全国第三；南沙国际邮轮码头拥有1个22.5万总吨和1个10万总吨邮轮泊位。

南沙游艇会是广东已建游艇会之冠，拥有352个水上泊位，120个干仓泊位。

珠江游已成为广州城市的旅游名片，2020年，珠江游游客达169.4万人次。

广州的航运物资种类有多全？

广州港大宗物资运输货种门类齐全，粮食、石油及制品、钢铁等大宗货类运输创近年来新高，是国内一流的滚装汽车接卸港口，"十三五"期间，广州港的粮食货类市场份额稳居华南地区第一位。

2020年商品汽车吞吐量 **150万辆**

2020年粮食吞吐量 **2686万吨** **全国港口第一位**

广州航运交易所三年完成船舶交易**2191**艘，交易金额**88.17亿**元。黄埔区、南沙区现代航运服务产业集聚成效凸显。

广州航运之"最"

"最大只"

南沙港区可靠泊世界上最大的集装箱船、最大的滚装汽车船以及最大的邮轮。

"最完善"

广州航运交易所是华南地区规模最大、服务功能最完备的船舶交易服务平台。

"最大型"

广州港是华南地区最大的综合性主枢纽港，中国内贸集装箱第一大港。

"最有米"

2020年，广州港的粮食吞吐量在全国港口中排名第一，是华南最大的粮食接卸仓储基地。

"最多车"

广州港拥有南沙汽车码头以及南沙汽车码头，是华南地区最大的专业滚装汽车作业枢纽港。

发展目标

◆建设世界一流港口，打造国际综合交通枢纽的重要支撑。

◆实现广州港口和航运业更高质量、更有效率、更可持续、更为安全的发展，支撑广州打造全球海洋中心城市。

◆到2023年，广州港货物吞吐量达到**6.6亿**吨，集装箱吞吐量达到**2550万**TEU；商品汽车吞吐量达到**170万**辆；铁水联运箱量快速提升。

2021年-2023年的港口基础设施建设部分亮点项目：

黄埔国际邮轮城项目	规划建设1个8万吨邮轮泊位、1个3万吨客运泊位及其他客滚、水巴、游艇等泊位。
琶洲客运口岸码头项目	在海珠区琶洲建设6个500吨级高速客船泊位及配套联检楼。
南沙港区四期工程	建设2个10万吨级、2个5万吨级集装箱泊位和24个2000吨级驳船泊位，设计通过能力480万TEU/年。

本报地址：广州市海珠区阅江西路366号 邮政编码：510335 电话：(020)81883088总机转各部门 广告经营许可证号4401004002671 订报咨询电话：(020)81911089 投递质量投诉电话：(020)81911089 广告咨询投诉电话：(020)81163279 广州日报印务中心印刷 零售每份2元

玖

9月

刊发时间
2021年
9月1日起

奋斗百年路 启航新征程

发行于1947年7月1日 采用了象征革命的红色……

首套“七一”邮票诞生在东北

奋斗百年路 启航新征程

李大钊百年诞辰纪念邮票上的背景故事 其中一个发生在广州

邮票重现李大钊的广州足迹

“邮票中的党史”系列报道

小邮票讲述大历史

作品呈现形式：

报纸版面、系列视频、海报、H5

作品简介：

红邮寻踪，学史力行。为持续深入做好党史学习教育主题宣传，从2021年9月至2022年1月，广州日报策划推出“邮票中的党史”全媒体系列报道和线上线下传播活动，从珍贵邮票入手，派出记者奔赴全国各地采访邮票设计者、集邮爱好者、史实见证者和党史专家，以讲故事的形式回溯百年党史光辉岁月，凝聚学史力行砥砺奋进力量。活动共推出18期报道和系列精品视频。报道和活动获得中共中央宣传部、省委宣传部专题阅评表扬和市委宣传部领导批示表扬，报道被学习强国总台首页专题推荐，并获得2021年度广东新闻奖一等奖。

系列报道沿着百年来我们党走过的光辉足迹布局谋篇，从庆祝建党百年纪念邮票和首套“七一”邮票讲起，按时间脉络依次推出。报社派出采访队伍深入全国各地采撷一手文、图、视频素材，将大量珍贵邮票实物影像及其背后折射的宏大历史背景、鲜为人知的奋斗故事融为一体，娓娓道来。

报道分别聚焦“七一”纪念邮票、长征纪念邮票、解放区邮票、第一枚党代会纪念邮票、抗战胜利七十周年纪念套票、第一枚展现五星红旗的邮票、广州解放纪念邮票、抗美援朝纪念邮票、改革开放主题邮票、航天事业发展主题邮票、粤港澳大湾区主题邮票、党的十九大和新中国成立70周年纪念邮票、精准扶贫主题邮票、战疫众志成城纪念邮票等推出融媒体报道，以红邮为媒介串联起党的百年历史，全景式展现百年辉煌。（汤新颖）

小邮票 大时代

首套“七一”邮票诞生在东北

邮票重现李大钊的广州足迹

她与丈夫女儿设计两套大庆邮票

红邮寻踪，学史力行。为持续深入做好党史学习教育主题宣传，从2021年9月1日起，本报策划推出《邮票中的党史》全媒体系列报道和线上线下传播活动，从珍贵邮票入手，派出全媒体记者奔赴全国各地采访邮票设计者、集邮爱好者、史实见证者和党史专家，以讲故事的形式回溯百年党史光辉岁月，凝聚学史力行砥砺奋进力量。至今日为止，18期报道已全部推出。

系列报道坚持小切口大角度、小细节大故事，沿着百年来我们党走过的光辉足迹精心布局谋篇，从庆祝建党百年纪念邮票和首套“七一”邮票讲起，将大量珍贵邮票实物影像和背后折射的宏大历史背景、鲜为人知的奋斗故事融为一体娓娓讲述。除了报纸推出18个整版报道之外，我们还在广州市区融媒体中心客户端“新花城”上线红邮展大型H5，通过具有互动性的页面设计架设掌上展厅；同步推出《邮票中的党史》系列精品视频，精编大量珍贵历史影像，对话见证者、亲历者、权威专家；每期制作红邮明信片金句海报，将习近平总书记的重要讲话和红色邮票、红色地标融为一体，设计成明信片在朋友圈广泛刷屏；在海珠区卫国尧小学组织“讲好红色故事 赓续红色血脉”开学第一课活动，邀请专家现场讲述邮票中的党史，助力党史学习教育进校园。

日前，党史学习教育总结会议在京召开。习近平总书记指出，在全党开展党史学习教育，是党中央立足百年党史新起点、着眼开创事业发展新局面作出的一项重大战略决策。要认真总结这次党史学习教育的成功经验，建立常态化、长效化制度机制，不断巩固拓展党史学习教育成果。本报将继续策划推出融媒报道和传播活动，让小小邮票中蕴含的奋进力量激励我们继续勇毅前行！

文/广州日报全媒体记者汤新颖

扫码收藏
百年“邮”墨典藏册

责任编辑：赵亦平 黄婉华　美术编辑：万新晨

为放大传播效果，广州日报在报纸、网络、客户端齐齐发力推出融媒体创意作品。新媒体平台推出《邮票中的党史》系列精品视频，精编大量珍贵历史影像，对话见证者、亲历者、权威专家，讲述生动细节；每期制作红邮明信片金句海报，将习近平总书记的重要讲话和红色邮票、红色地标融为一体，设计成大气精致的明信片，站位高、立意巧，在朋友圈引发刷屏。

长征这一人类历史上的伟大壮举，留给我们最可宝贵的精神财富，就是中国共产党人和红军将士用生命和热血铸就的伟大长征精神。

——习近平

广州日报
新花城
邮票中的党史
点亮开学第一课
2021.9.1
直播时间：9月1日 9:00
地点：海珠区卫国尧小学
扫码走进开学第一课

新花城客户端于 2021 年 9 月 1 日上线《邮票中的党史》——庆祝中国共产党成立 100 周年线上红邮展 H5 作品，通过具有互动性的页面设计架设直观生动的掌上展厅，集纳大量珍贵邮票影像和背景故事，为受众提供从方寸邮票中学党史的网上平台；2022 年1月13 日，又推出《百年“邮”墨，值得典藏！》H5 作品，集纳 18 期红邮明信片，让受众选贴合适的邮票参加互动。作品生动活泼，创意十足，获得广泛好评。

9月
刊发时间
2021年
9月6日
至10日

《走出具有中国特色、时代特征、广州特点的现代化之路》

为广州现代化之路“画像”

作品呈现形式：

报纸版面、短视频、海报

作品简介：

广州的现代化之路，是条什么路？广州要实现的共同富裕，是什么样的共同富裕？2021年9月6日起，广州日报策划推出《走出具有中国特色、时代特征、广州特点的现代化之路》融媒体系列报道。系列报道从破解以上核心命题入手，聚焦“路”的概念，从人口规模巨大的现代化、全体人民共同富裕的现代化、物质文明和精神文明相协调的现代化、人与自然和谐共生的现代化、走和平发展道路的现代化5个维度出发布局谋篇，5篇大述评和15个典型案例点面结合，全景式、立体式勾画出广州奔向现代化的蓝图本、路线图、作战书。

广州日报同步制作推出的《广州的现代化之路，是条什么路？》系列猜字谜海报，将每一期报道中的关键词转化为表情包，配合微信SVG交互效果，以直观轻松的“小字谜”为“现代化之路”的“大目标”划重点。系列视频以“壮大之路”“发展之路”“建设之路”“提升之路”“开放之路”为题推出5集精品短片，从生动案例的故事细节入手，描绘广州现代化的未来图景，展现迈向新征程的奋进姿态。

报道在广州日报旗下客户端、官方微信公众号、官方微博以及学习强国、人民号、头条号等第三方平台同步分发，获得良好的传播效果。广州日报官方微信公众号发布的《这才是真顶流！》一文两小时阅读量即超10万，微博话题“顶流广州的新征程”一度登上同城热搜榜。（张毓）

开篇语

以实现人口规模巨大的现代化为战略指引，闯出一条国家中心城市和综合性门户城市的壮大之路

顶流广州 城市能级再提升

广州担当：锚定方位勇担使命

广州底气：积极探索奋笔答卷

广州机遇：乘势而上奋楫扬帆

案例聚焦

大数据赋能城市治理 通过数字化重构一座城市

穗智管：数字孪生广州城

统一规划、统一土地整理储备、统一基础设施配套、统一城市管理

大坦沙：整岛更新一盘棋

广州首个按现代综合交通枢纽规划建设理念打造的特大型枢纽工程

白云站：智慧大脑枢纽站

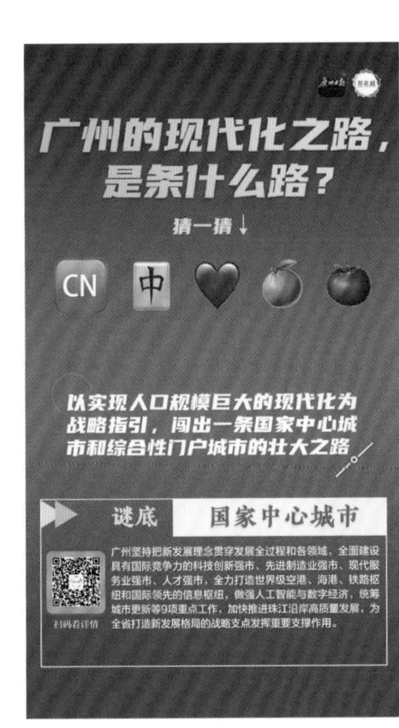

9月

刊发时间
2021年
9月10日

我的老师不一般

走进校园，探寻老师们的“匠心”

作品呈现形式：

新媒体专题、海报、H5

作品简介：

从幼儿园到大学，多才多艺的老师们发挥所长，打造各具特色的课程，让学生爱上课堂、开拓视野。又是一年教师节，2021年的教师节，我们的策划不一般。我们走进广州的幼儿园、中小学和高等院校，探寻教师们在课堂上自成一格的“匠心”。他们是师徒老师、冠军老师、文艺老师、学霸老师、医者老师、偶像老师、“帅帅”老师、“采石”老师、“全能”老师。通过文、图、视频和海报等多种方式展现他们的特别之处，让人读完之后，不禁觉得有这样的老师，真是幸福。

这个教师节我们不仅聚焦个性老师，还推出了不同的创意作品。老师出的试卷，从小到大我们答过的次数不计其数，今年，我们玩玩新花样，给老师们备上一份“试卷”，结合当时大热的“00后”爱用的网络语，推出创意互动作品《教师节，老师请答题!》。

在你的心中，老师最常说的话是什么？陪伴了你们整个校园时期的老师的经典话语还记得吗？通过原创视频，一起听听老师的心声。（崔素华）

广州日报 新花城 广州日报 求学指南

我的老师不一般

莫莉

广东实验中学
高一语文老师
唱戏跳舞抚琴，
带同学们赏画，
打造艺术化语
文课堂

“九一八”事变 90 周年系列策划

讲述抗日歌曲故事

作品呈现形式：

报纸版面、音乐视频、海报

作品简介：

2021 年是“九一八”事变 90 周年。为了紧扣节点做好宣传，广州日报策划推出了一系列全媒体报道。一方面，统筹策划编辑发现了一则史实细节——广为流传的抗日歌曲《奋起救国》的作者是当时广州培正中学的教师陈黄光，于是广州日报基于此线索，推出了全媒体系列报道。一是采访培正中学和相关的音乐、历史专家，回顾当年创作这首抗日歌曲的历史情境，通过故事讲述展现当时广州各界积极奋起救国的面貌；二是推出短视频，再现了歌曲原声和“九一八”事变的历史画面，带动广大网友通过镜头铭刻历史记忆，从歌声里汲取前行力量。另一方面，推出《90 年了！每个中国人不能忘！》创意海报，将“90”字样和“勿忘国耻”进行融合创新，激励广大网友勿忘国耻、吾辈自强，在圈群引起广泛传播。（何超）

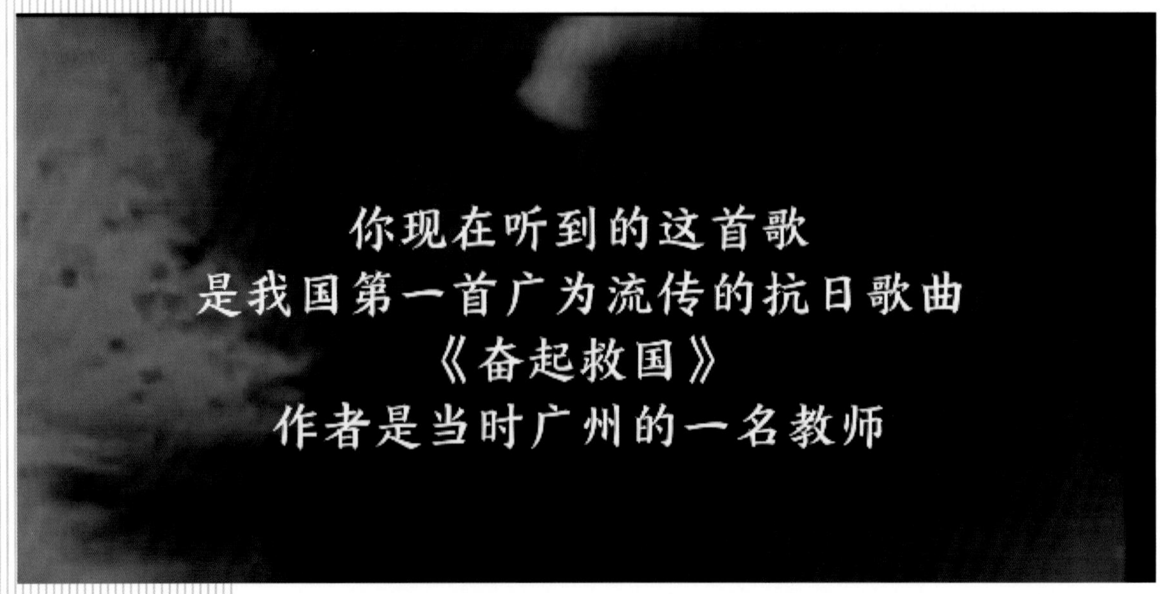

广州日报
新花城
90载
国耻
九一八事变90周年 1931-2021

9月

刊发时间
2021年
9月18日起

航天跨版报道

太空出差九十天 天宫又把新课开

作品呈现形式：

报纸版面

作品简介：

2021年9月17日，“神舟十二号”载人飞船返回舱成功着陆，刷新中国航天员单次飞行任务太空驻留时间纪录。广州日报提前收集大量“神舟十二号”载人飞船相关新闻进行版面构思和布局。9月18日刊发《太空九十天　中国新高度》，报道突破新闻事件本身，站在中国航天事业屡创纪录的高度看新闻事件，既是对航天英雄的致敬，更是对中国航天事业的致敬，表达了民族自信，激发了中国人的自豪感和爱国热情。

（刘文亮）

太空九十天　中国新高度

神舟十二号航天员乘组刷新中国航天员单次飞行任务太空驻留时间纪录

19年7次　中国载人航天越飞越高

英雄回家 赋诗欢迎

出差九十天，三人干了啥？

逐级开伞　火箭反推　落点标位

——揭秘神舟十二号载人飞船回家路

神舟十二号创下了哪些纪录？

回家过节？暂时不能

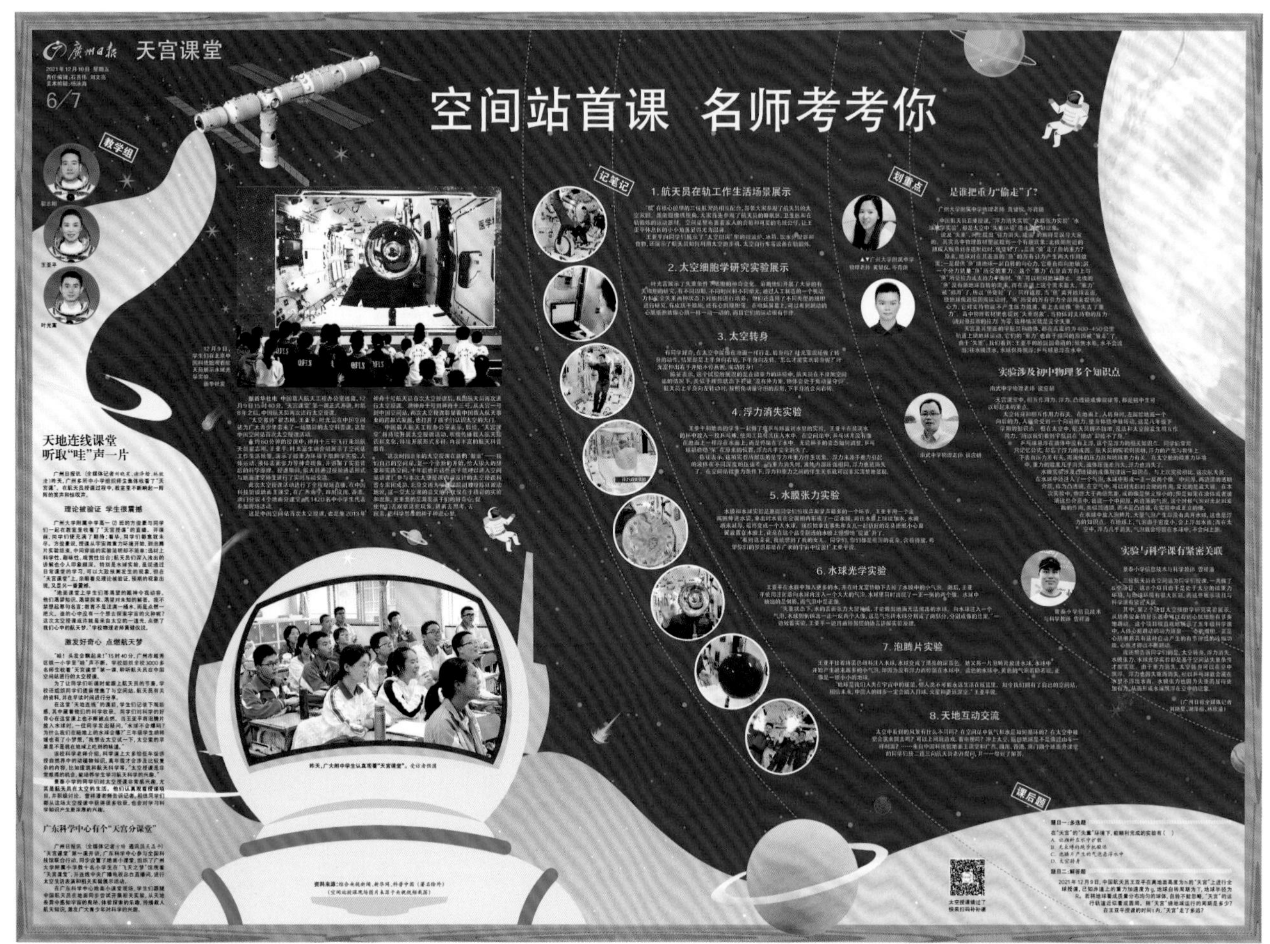

广州日报 天宫课堂

6/7

空间站首课 名师考考你

教学组

记笔记

1.航天员在轨工作生活场景展示

2.太空细胞学研究实验展示

3.太空转身

4.浮力消失实验

5.水膜张力实验

6.水球光学实验

7.泡腾片实验

8.天地互动交流

划重点

是谁把重力"偷走"了?

实验涉及初中物理多个知识点

实验与科学课有紧密关联

课后题

天地连线课堂 听取"哇"声一片

理论被验证 学生很震撼

激发好奇心 点燃航天梦

广东科学中心有个"天宫分课堂"

2021 年 12 月 9 日，“天宫课堂”第一课正式开讲并直播。这是时隔 8 年之后，中国航天员再次进行太空授课，也是中国空间站首次开展太空授课活动。为全面展现此次天宫授课，编辑部提前敲定以“授课现场回放 + 本地名师授课”的形式进行包装。《空间站首课　名师考考你》天宫课堂特别报道全景展现了中国空间站首次太空授课的全过程。在保证新闻本身得到充分呈现的同时，报道以名师点题的形式进行了二次包装，做出了自己的特色。

9月

刊发时间
2021年
9月23日起

“发现花城之美”

一起找寻心中的最美广州

作品呈现形式：

报纸版面

作品简介：

2021年9月，广州日报发起征集活动，面向全社会征集美图美文，以此“发现花城之美”。从9月23日开始，将征集来的作品，在报纸版面上以每周一期的频率刊出。

既然是征集，收到的文图肯定数量多、主题杂。如何从数量众多的照片中挑出精品？如何在杂乱无章的照片中定出主题？这就很考验编辑的功力。

一方面，版面编辑与图片编辑通力合作，挑出美图之后，通过两三张大图确定主题，再通过各种渠道找其他图片搭配；另一方面，版面编辑提前主动介入，根据新闻、时节等节点，先定出主题，再去让摄影部门组稿。

花城美，美在色彩：绿的是草树，蓝的是江天，红的是繁花；花城美，美在建筑：小蛮腰的柔美线条，广州歌剧院的跳跃音符，珠江新城的璀璨夜景；花城美，美在市民：嬉戏的儿童，欢笑的青年，怡然的老人……

近十期的花城之美版面，集中展示了广州城市之美的方方面面，既悦目，又赏心。（占豪剑）

广州日报　要闻　9

桥光塔影　活力交响

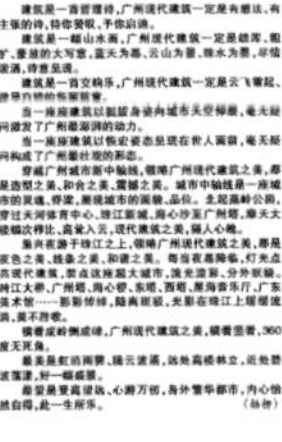

夜幕下的恩宁路骑楼街 记者张永林 摄

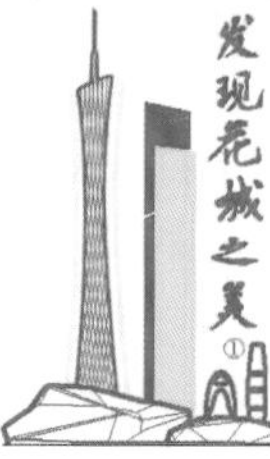

寻常巷陌 粤韵流淌

2021"发现花城之美"美图美文火热征集中，爱好摄影、美文的你，快来投稿吧，丰厚稿酬等你来拿，详情请留意广州日报公众号。

建筑，无声的史诗，立体的画卷；

建筑，不动的文化，活着的历史。

翻开建筑这本书，阅读时光镌刻的印章；

打开建筑这扇窗，发现岁月流淌的画卷。

雍容端庄的容颜，繁华端庄的面貌；厚重端庄的底蕴，稳定端庄的气质……2200多个年轮，沉积成广州这座城市独特又迷人的风姿。星罗棋布于大街小巷的岭南建筑，像一首首无声的交响乐、一部部厚重的纪录片，记录着广州这座城市走过的时代，诉说着广州这座城市历经的故事。

漫逛于永庆坊，浓郁的西关风情扑面而来、芬芳馥郁。青砖板、满洲窗、趟栊门、骑楼廊……一个个仿佛听说过又不曾深入了解的岭南建筑元素，为初来乍到的游客打开全新的认知大门；牙雕、广彩、粤剧……一项项"广味"十足的传统非遗文化，仍然在这些建筑群中活跃着、绽放着。

寻迹于古祠堂，惊叹于陈家祠美轮美奂的艺术。木雕、砖雕、石雕、灰塑、陶塑、铜铁铸，穷尽建筑之手段；人物、亭台、花鸟、山水、瓜果、云纹，搜罗装饰之题材，打造一座座风格独特、装饰精巧的祠堂，成为最富岭南特色的艺术建筑群。古朴典雅的庭院、别致巧妙的造景、美轮美奂的雕塑，莫不让人流连。

邂逅于骑楼街，你便沉迷于岭南建筑传统和西洋建筑风格完美结合的艺术海洋里，沉浸于广州古老而深邃的似水流年里。活了将近一个世纪的骑楼，仍然为人们遮风挡雨，呵护着广州街坊。

古城遗产，文脉相传。读懂广州传统建筑，你就读懂了广州历史。

（杨柳）

上下九步行街 广州日报全媒体记者莫伟浓 摄

陈家祠 广州日报全媒体记者王维宣 摄

上下九步行街骑楼上的灰雕和满洲窗 广州日报全媒体记者莫伟浓 摄

凤凰花开大宗祠 记者刘晓明 摄

9月

刊发时间
2021年
9月23日

中秋“家”主题创意海报

庆中秋，典雅软萌总相宜

作品呈现形式：

手绘海报、H5

作品简介：

中秋佳节正是送祝福的好时机，各大媒体也纷纷推出节庆海报，如何才能做出新意、做出特色？2021年中秋，广州日报推出的“家”主题创意海报，选取了代表团圆的月亮、代表家庭亲情的屋檐等意象，将其视觉形象共同组成“家”这个字，并配以“最美的月亮在中秋 最好的团圆在家乡”的海报文案，呼应主题与设计理念。该海报简约大气，富有巧思，阅读量超过10万，在海外平台传播广、点赞多。

此外，结合时下航天、防疫等热点话题制作“中秋萌兔”主题系列海报，并设置了宇航员、嫦娥、医护人员、爸妈等兔子角色形象。美术编辑在设计时颇费心思，使9张海报既可单独阅读，又可以组合成九宫格合并阅读，增强了海报自身的趣味性、艺术性。海报还结合兔子元素，配以“月饼碌柚大西瓜 大家防疫顶呱呱”“今日可以做个月光族”等颇具趣味性的文案。这组中秋节海报萌态十足、温暖走心，在学习强国等平台推出，引发朋友圈刷屏。（麦蔼文）

中秋有爱
围坐一台
GUANGZHOU
DAILY
新花城

9月

刊发时间
2021年
9月28日

地铁18号线首通段开通

时速160千米 广州地铁速度再进化

作品呈现形式：

报纸版面

作品简介：

2021年9月28日，最高运营时速达160千米、被称为“粤港澳大湾区最快地铁”的广州地铁18号线首通段（冼村至万顷沙）正式开通运营，实现了南沙自贸片区至中心城区30分钟通达的时空目标。

这么快的地铁，究竟如何建成？聚焦这一读者最关心的问题，编辑提前介入，记者深入探营，围绕着设计、建设、运营等各方面写稿，并在版面上清晰呈现。

这么快的地铁，在广州地铁史上有何地位？版面报道从历史纵轴出发，告诉读者，从创造全国最快地铁纪录的广州地铁3号线首段2005年开通以来，十几年之间，广州地铁速度已实现“三级跳”。

这么快的地铁，又有何意义？版面报道从空间横轴出发，继续做出解答：从小的方面看，它拉近了南沙与广州中心城区的距离；从大的方面看，它对粤港澳大湾区公共交通也影响深远。

广州地铁的进化史，其实就是广州城市建设的进化史。18号线，快跑！广州，快跑！（占豪剑）

广州日报

18号线 试跑

记者昨日试乘"飞"一般的18号线首通段

29分钟！冼村"飞到"横沥

试乘体验

最高速行驶窗台手机不倒

哪节车厢人最少提前知

乘车指南

双向快车比普通车少停4站、快7分钟

全程票价11元"最贵"一站7元

上错快车特别警惕"回头车"未必在对面

围观智慧升级的18号线：服务更要智能 出行更便捷

18号线首通段小名片

站点扫描

冼村 磨碟沙 龙潭 沙溪 南村万博 番禺广场

国际化的设计风格

一体化的设计理念

精致优雅的色彩质感

全新的导向标识系统

专业的光环境设计

设计亮点

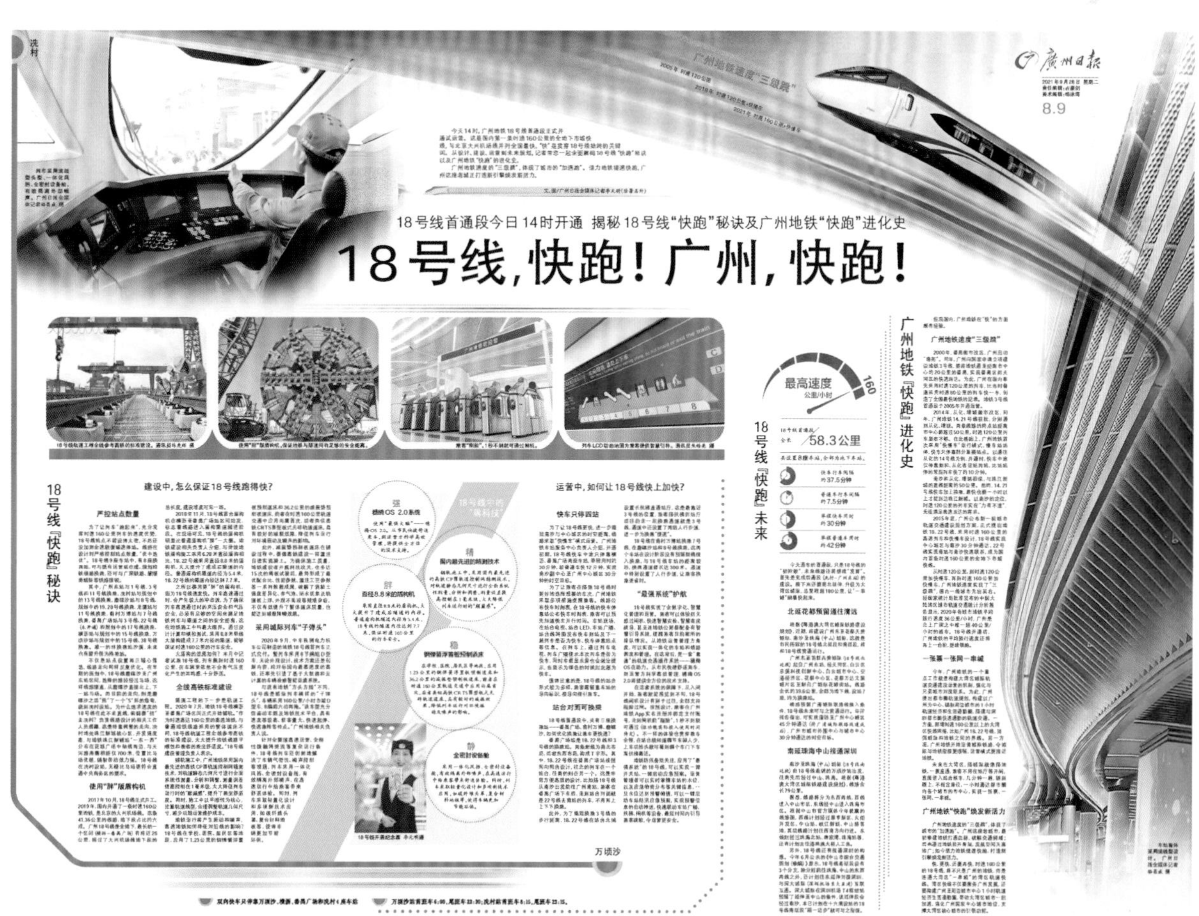

广州地铁速度"三级跳"

2005年 时速120公里

2018年 时速120公里+快慢车

2021年 时速160公里+快慢车

今天14时，广州地铁18号线首通段正式开通试运营。这是国内第一条时速160公里的全地下市域快线，与北京大兴机场线并列全国最快。"快"是贯穿18号线始终的关键词。从设计、建设、运营到未来规划，记者带您一起全面解码18号线"快跑"秘诀以及广州地铁"快跑"的进化史。

广州地铁速度的"三级跳"，体现了城市的"加速跑"。借力地铁提速快跑，广州这座老城正打造新引擎焕发新活力。

文、图/广州日报全媒体记者李天研（除署名外）

18号线首通段今日14时开通 揭秘18号线"快跑"秘诀及广州地铁"快跑"进化史

18号线，快跑！广州，快跑！

18号线"快跑"秘诀

建设中，怎么保证18号线跑得快？

运营中，如何让18号线快上加快？

最高速度 公里/小时 160

18号线"快跑"未来

广州地铁"快跑"进化史

广州地铁速度"三级跳"

《桥见党史》

“桥”见英雄城市的历史荣光

作品呈现形式：

短视频

作品简介：

作为中国近现代革命的重要策源地，广州，因水而生，伴水而兴。海珠桥、海印桥、人民桥、解放桥、猎德桥、海心桥……百年来，一座座大桥在珠江上拔地而起，飞身跨越，见证英雄城市的历史和荣光。珠江上的桥已成为广州响亮的“名片”，这也是《桥见党史》视频的原创设计思路，以珠江上的“桥”为窗口，运用手绘插画结合现代剪贴风的技巧，色彩以单色为主调，搭配跳跃点缀的彩色，配合灵巧轻松的动画效果，直观呈现百年来这座英雄城市的历史和荣光。

《桥见党史》视频制作团队包揽了策划、导演、分镜、插图、拍摄、动画等工作。经过两个多月的打磨，短视频在9月30日发布。广州日报旗下报纸、客户端、官方微博、官方微信公众号以及其他第三方新闻平台、学习强国等渠道也相继推出，获得过百万点击量。该作品还延伸到线下，在广州市党史学习教育结合为民服务主题大篷车“学习实践大篷车”上展播，真正做到了贯通中央精神，提高政治站位，围绕核心锚定方向、创新话语表达，有效推动党史学习教育深入群众、深入基层、深入人心。（徐锦昆）

桥见党史

1923
出席大会代表 30多 人
代表全国 420名 党员
中共三大
在广州召开

毛泽东主编《农民问题丛刊》

1983年
白天鹅宾馆
拔地而起

2010
广州亚运会
2006
广交会第100届

拾

10月

刊发时间
2021年
10月12日起

《续写更多“春天的故事”》

亮出南粤儿女奋斗答卷

作品呈现形式：

报纸版面、SVG海报、多点触发互动海报、短视频

作品简介：

为展现广东广州牢记习近平总书记嘱托，在各领域推进改革创新、推动高质量发展的探索成效以及承担新使命、创造大未来的勇气担当，10月12日—14日，在习近平总书记视察广东一周年之际，广州日报连续三天推出《续写更多“春天的故事”》全媒体专题报道和新媒体创意作品，报纸拿出6个大版，新媒体推出《报告总书记！一年来，我们的新变化》SVG互动海报、《“春天的故事”出续集了！精彩点，等你发现》多点触发互动海报和《报告总书记！南粤儿女对您说》短视频等创意作品，获得省委宣传部表扬。（汤新颖、陈雅诗）

续写更多“春天的故

牢记嘱托

报道聚焦习近平总书记对广东提出的“六个更大作为”布局谋篇，在“推进粤港澳大湾区建设”“推动更高水平对外开放”“推动形成现代化经济体系”“加强精神文明建设”“抓好生态文明建设”“保障和改善民生”6个主题下，以“南粤回响＋广州答卷”的形式展开。一方面，记者深入各地，回访多位与总书记对话或受邀参加深圳经济特区建立40周年庆祝大会的深圳、潮州、汕头干部群众，同时专访多个领域的基层干部群众，听他们以第一人称向总书记汇报一年来立足本职工作的探索成效，讲心得，谈落实，说谋划。另一方面，分别推出深度综述文章、重磅述评和图片专版，用案例叙事，用数据说话，用美图展现，向总书记交出一份生动翔实的发展答卷。

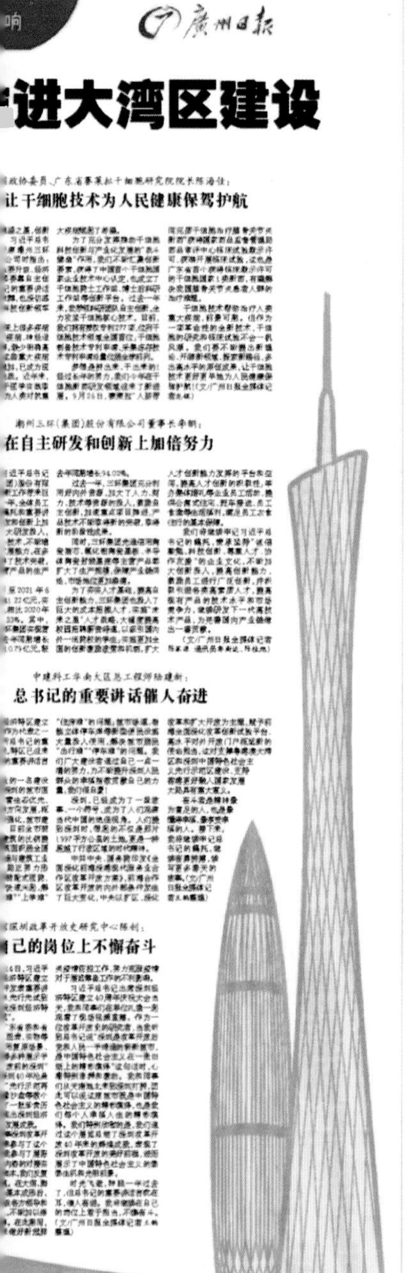
广州日报

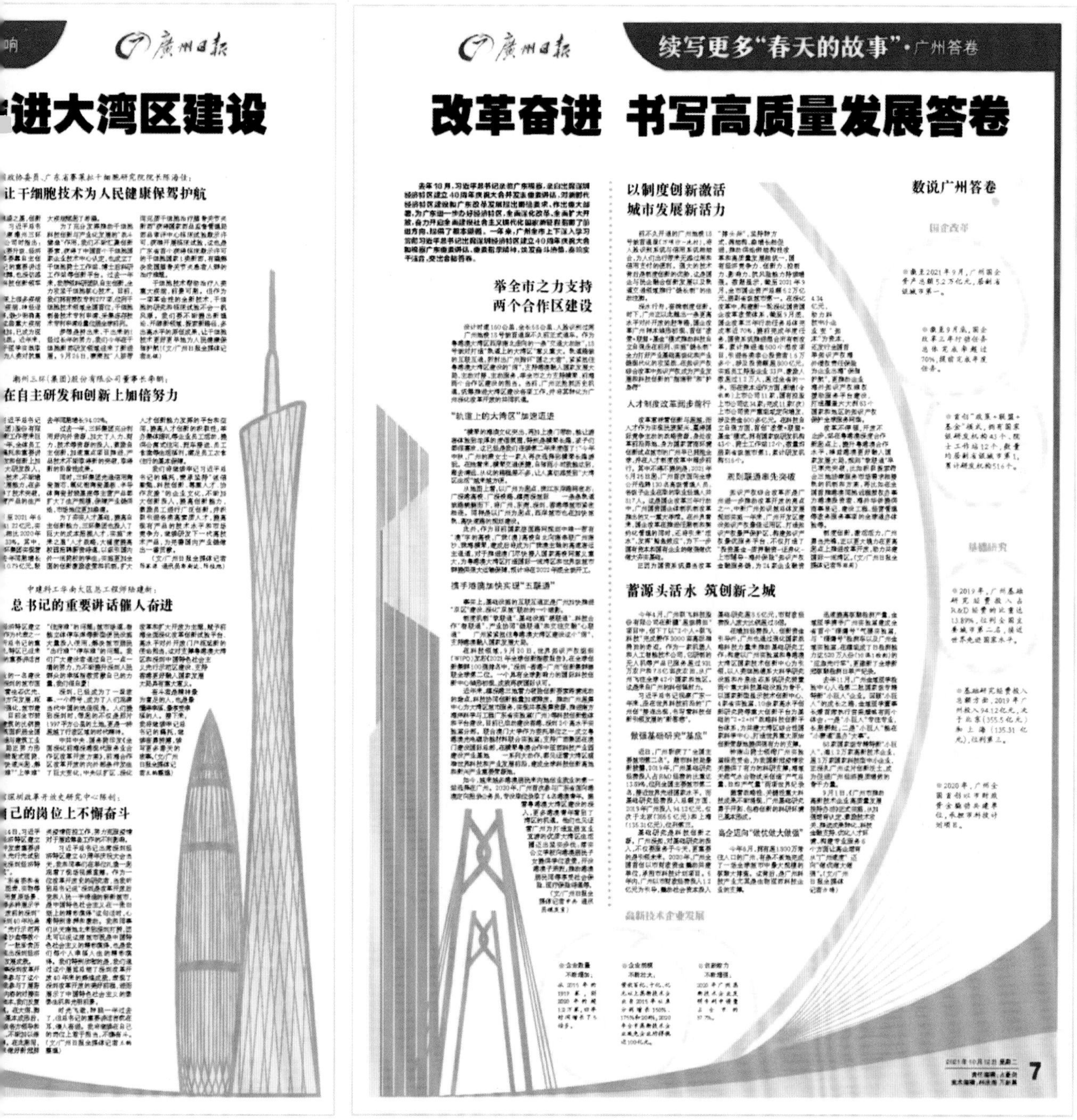

进大湾区建设

让干细胞技术为人民健康保驾护航

在自主研发和创新上加倍努力

总书记的重要讲话催人奋进

己的岗位上不懈奋斗

广州日报

续写更多“春天的故事”·广州答卷

改革奋进　书写高质量发展答卷

以制度创新激活
城市发展新活力

举全市之力支持
两个合作区建设

数说广州答卷

国企改革

蓄源头活水　筑创新之城

基础研究

高新技术企业发展

7

报告总书记
一年来，
我的人生翻开了新篇章，
开始担任新的家庭角色
陈钊
深圳博物馆深圳改革开放史研究中心
我和同事们从天南地北来到深圳打拼，有幸参与“从先行先试到先行示范——庆祝深圳经济特区建立40周年展览”，这座城市既是中国特色社会主义的精彩演绎，也是我们每个人幸福人生的精彩演绎。转眼深圳经济特区已迎来41岁生日，总书记的话言犹在耳，催人奋进。
扫二维码
看南粤儿女这样闯创干

报道立足真情实感，在“南粤回响”部分，记者以基层干部群众视角行文，贴身采访，紧密结合他们的个人本职工作讲述其一年奋斗历程。“一年来，我们团队推进干细胞科技创新，获得干细胞授权专利 277 项。”“一年来，我们开展生态环境损害赔偿案件 31 宗，办案数量居全省首位。”……这些采访对象的生动话语，收录在《报告总书记！一年来，我们的新变化》SVG 互动海报中并重点呈现，同时在广州日报微信公众号、新花城客户端等多个新媒体平台发布，获得良好的互动效果。10 月 12 日，《激动！整整一年了！》在广州日报官方微信公众号发布两小时阅读量即超过 13 万。

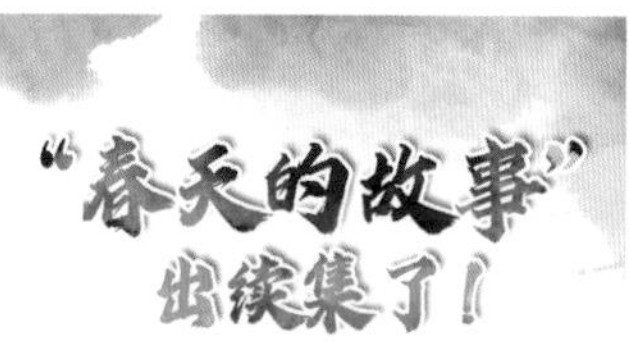

配合重磅述评推出的《"春天的故事"出续集了！精彩点，等你发现》多点触发互动海报，则抓住"春天的故事"这个关键词，把概念具象化，在海报上呈现出一本南粤主题的立体故事书，将湾区、开放、创新、文化、民生、生态的"小故事"对应藏在海报上横琴粤澳深度合作区标志、广交会展馆、广深地标、潮汕传统建筑等元素里，读者点击这些精彩点，即可开启阅读，从小故事中探索了解广东的大变化。

10月

刊发时间
2021年
10月14日

《双循环　大联动》

大联动讲好广交会故事

作品呈现形式：

报纸版面、H5、海报、长图

作品简介：

10月14日，中国进出口商品交易会（广交会）迎来第130届盛会。本届广交会适逢建党100周年，同时又是经历疫情防控以来连续三届线上举办后，首次以促进国内国际双循环为主题线上线下融合举办，具有标志性和里程碑意义。以此为契机，广州日报在14日重磅推出《双循环　大联动》大型全媒体特辑，报纸拿出28个大版，新媒体推出创意作品，联动全国15个副省级城市、广东21个地市、广州11个区，生动讲述全国各地各领域服务构建"双循环"新发展格局的举措成效，探索我国推动更高水平对外开放、实现高质量发展的路径方向，多层面多角度展示开放自信的中国形象，讲好中国故事、传播中国声音。

为了使好声音成为最强音，广州日报新媒体矩阵14日同步推出丰富多彩的H5、创意海报等新媒体作品。其中，推出的《最强购物车曝光！不愧是广州！》SVG长图，涵盖本届广交会的参展信息、特色展区等基本概况，让读者可以清晰直接地了解广交会的信息。此外，为了使长图动起来，使用SVG技术，巧借"购物车""提交账单"的创意理念，以逛展览的形式，让读者通过滑动页面，实现沉浸式体验广交会现场的效果。该SVG动效较复杂，但形式颇具新意、互动性强，传播量超过10万。

此外，当天其他14家副省级城市党报也在各自的报纸版面和新媒体平台上同步开设了"双循环　大联动——第130届中国进出口商品交易会（广交会）"专栏，以统一的LOGO、统一的内容模块，实现了跨地域的联合呈现。（王晨阳、麦蔼文）

广州日报

130 CANTON FAIR 1957-2021

双循环 大联动

广交会，擦亮“双循环”之窗

《双循环 大联动》创意海报分别以全国15个副省级城市、广东省21个地市、广州市11个区的地名组成“广”“交”“会”三字，通过一个个连接在一起的地名，呼应了“双循环 大联动”的主题，形象展现出全国各地依托广交会这一重要贸易平台，为打通双循环、服务构建新发展格局贡献“中国方案”“湾区智慧”“广州力量”。

10 月

刊发时间
2021 年
10 月 24 日

《出彩新广州》

精彩手绘展现广州奋斗

作品呈现形式：

创意手绘海报

作品简介：

2018 年 10 月，习近平总书记亲临广东视察并发表重要讲话，要求广州实现老城市新活力，在综合城市功能、城市文化综合实力、现代服务业、现代化国际化营商环境方面出新出彩。

三年来，广州这座千年古城牢记嘱托、不负使命，焕发出了崭新的活力；三年来，广州这座不老商都风雨兼程、日日争新，绽放出了更加夺目的光彩。广州人的幸福，离不开我们每一个人的奋斗。出彩新广州，由每一位奋斗者绘就。

在习近平总书记视察广东三周年这个重要时刻，我们根据总书记提出的广州“四个出新出彩”的重要指示，按城市、文化、服务、营商四大主题，推出四张精品手绘创意海报，集纳广州发展成就元素，用鲜活生动的形式展现广州发展成果。

海报将创意和设计感很好地结合，运用时下流行的视觉效果，更好地凸显了出新出彩的内涵。（王菁）

出彩新广州
城市

文化
出彩新广州

出彩新广州
服务

出彩新广州
营商

10 月

刊发时间
2021 年
10 月 21 日
至 25 日

总书记视察广州三周年《出新出彩 广州答卷》特别报道

写好 3.0 版广州答卷

作品呈现形式：

报纸版面

作品简介：

为隆重热烈做好总书记视察广州三周年宣传报道，广州日报再次续写“答卷系列 IP”，重磅推出《出新出彩 广州答卷》特别报道，前后 5 天、每天 4 个版大手笔写就 3.0 版广州答卷，报道站位出众、“内涵”出新、“颜值”出彩。

在隆重热烈、感恩奋进的总体气氛下，这次报道也使用了不同以往的传播套路。在见报周期上，不搞一次性特刊式的“集中轰炸”，也不搞长期栏目式的“单兵作战”，而是分成综合城市功能、城市文化综合实力、现代服务业、现代化国际化营商环境主题序列，每天在固定版面推出一期 4 个版的“出新出彩”专题报道，稳步“阵地推进”。在稿件内容上，每天以“3+1”形式组合稿件，即每天围绕一个“出新出彩”，推出 3 个版的大综述文章和 1 个版的虚拟圆桌会。综述文章是“主力部队”，要求写实写新；虚拟圆桌会是“秘密武器”，要求写深写透。

Guangzhou Daily
廣州日報
《成渝地区双城经济圈建设规划纲要》发布
牢牢铭记总书记的关心关爱
本报今起推出《出新出彩 广州答卷》特别报道
三年赶考路 不负阅卷人
大城之大：
相关报道见2-5版
省委全面深化改革委员会召开会议
认真学习贯彻习近平总书记在中央全面深化改革委员会第二十一次会议上的重要讲话精神
李希主持会议并讲话 马兴瑞王伟中出席会议
冬奥火种抵达北京
温国辉参加商务部新闻发布会表示
依托湾区协同港澳 广州高水平培育建设国际消费中心城市
温国辉会见东风汽车有限公司总裁

有“内涵”有“颜值”，这张答卷才能得高分。这次报道与以往的特刊版面常规路数不同，从用图、版式等方面进行整体创意设计，并在稿件润色、标题提升等方面严格把控报道出品。

图片有温度——每个版面有 4 张图片，通过组合集中作为视觉中心，图片中不只有航拍地标、碧水蓝天，更有这个城市中一个个奋斗的身影、一张张灿烂的笑脸；版式有新意——以调色盘元素展开创意设计，对开版式轮番使用，选择红色作为版面主色调，色彩绚丽整体和谐，契合“出新出彩”的初衷；标题有技巧——“大城之治，硬核支撑高能级”“枢纽之畅，外联内通加速跑”“花城之美，绿水青山铺底色”……特别报道每一期 4 个版面的标题统一、贴切、响亮，凸显了报道的整体性、逻辑性。（石善伟）

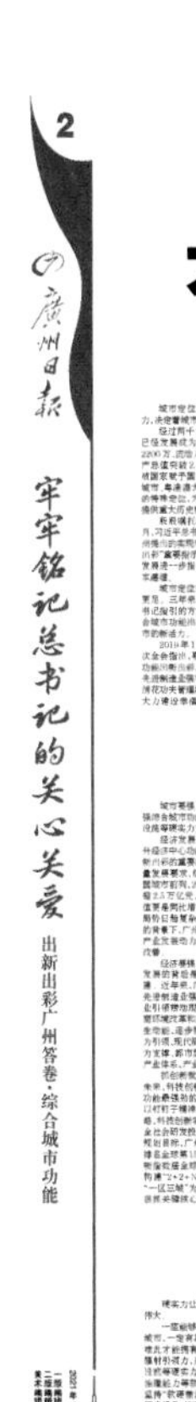

城市定位

第130届广交会刚刚落下帷幕。这是广交会举行以来首次线上线下融合举办，也是新冠肺炎疫情发生以来全球率先恢复的最大规模线下展会。一座城市的影响力、辐射力、显示度，靠的就是城市的综合功能。本届广交会的成功举办，就是广州推动综合城市功能出新出彩的生动缩影，为实现老城市新活力注入了强大动能。

三年来，广州始终牢记谆谆嘱托、坚决扛起使命担当，大力弘扬逢山开路、遇水架桥的开拓精神，城市能级、经济规模、创新带动力、要素集聚力和集中力量办大事能力明显提升，经济中心、枢纽门户、科技创新、文化引领、综合服务、社会融合等功能不断取得新突破，为城市高质量发展和全国全省发展大局提供有力支撑。

广州强化使命担当 奋力书写综合城市功能出新出彩答卷

大城之治，硬核支撑高能级

“高定位”指引，担当作为更有信心

“新路子”探索，担当作为更有奔头

“硬实力”支撑，担当作为更有底气

“软实力”赋能，担当作为更有动能

枢纽门户

“从广州去，到广州来”。交通向来是世界一流城市获得持续发展的先手棋。近年来，广州全力打造世界级空港、海港、铁路枢纽，把成为具有全球影响力的综合交通枢纽作为建设具有经典魅力和时代活力的国际大都市的一个支点。国际综合交通枢纽地位持续提升，带动人流物流资金流信息流的快速高质量内外流通，枢纽门户强支撑作用进一步显现。

外畅内联，广州作为枢纽门户，向外对接全球，向内辐射全国。作为中国的“南大门”，广州着眼区域协调发展，加快路网建设，形成了“三环十九射”高快速路主骨架路网，与周边深圳、东莞、惠州、清远、佛山、中山等地市均有2条以上高速公路连接，为区域互联互通提速升级，实现道路通到发展畅通的愿景。

广州国际综合交通枢纽地位持续提升

枢纽之畅，外联内通加速跑

外联：连接世界 面向全球

内通：立足湾区 拥抱发展

智行：人享其行 物畅其流

绿色发展

绿色，是一座城市高质量发展的最美底色。7434平方公里的广州背山面海，珠江穿城而过，山水城市格局得天独厚。近年来，广州牢记习近平总书记嘱托，牢固树立绿水青山就是金山银山的理念，以生态环境高水平保护推动经济社会高质量发展。

“十三五”期间，广州在保持GDP年均6%增长率的同时，环境质量持续改善，“十三五”确定的生态环境9项约束性指标和污染防治攻坚战目标圆满完成，天更蓝、水更清，人民生活更幸福！高效推进打造生态文明建设典范城市，建设美丽中国广州样本！

广州以生态环境高水平保护推动经济社会高质量发展

花城之美，绿水青山铺底色

推动绿色低碳发展 走上高质量发展道路

蓝天白云绿水青山 生态环境显著改善

保护生物多样性 城央营造“鱼鸟天堂”

智慧城市

对接30多个部门的业务系统，归集超30亿条城市运行数据，囊括交通、城建、城管等20余个专题，实现对城市运行体征的实时监测和大数据分析应用。在广州市智慧城市运行中心内，广州城被数字化复刻后的孪生品，华丽地跃然超大显示屏上——这就是广州历时一年多时间的建设，已经搭建完成核心底座的“穗智管”城市运行管理中枢。

广州正在打造涵盖态势感知、运行监测、决策支撑的“数字孪生城市”，这将为提升公共服务、社会治理等数字化智能化水平和疫情防控、安全生产等城市运行管理水平，推动综合城市功能出新出彩提供重要支撑。广州日报请来北京、上海及广州三地知名业内专家、学者，共同为广州的数字化智慧城市建设出谋建言。

专家学者聚焦智慧城市 建言广州“数字孪生城市”建设

让城市更智慧 让市民更幸福

数字化发展支撑城市智能化管理

广州数字化公共服务全球领先

深化大湾区城市联动发展

刊发时间
2021年
10月25日

我国恢复联合国合法席位50周年、
入世20周年主题新媒体作品

与时俱进讲好中国故事

作品呈现形式：

海报、有声动图

作品简介：

老照片或黑白，或模糊，或褶皱破损。它们承载着一代代人的回忆，刻画了历史中的阵阵波澜。50年前的老照片《乔的笑》，刻在了很多人的脑海里。1971年10月25日，联合国大会通过关于恢复中华人民共和国联合国合法席位的决议。50年来，中国积极拥抱世界、融入世界，在实现自身发展的同时，秉持大国担当，履行大国责任，坚持不懈地支持联合国维护世界和平、促进共同发展。

在我国恢复联合国合法席位50周年之际，广州日报利用AI技术修复《乔的笑》，将黑白照片修复为彩色，还原经典场景，生动展现出乔冠华气贯长虹的一笑。此外，编辑还搜集整理中国在抗疫、维和、脱贫等方面成就的图片、文字介绍，与修复后的老照片共同组成"50年·中国贡献"主题系列海报，尽显新中国重返联合国50年的大国担当。此外，该系列海报的文案大气蓬勃，数据信息突出显眼，阅读量超过50万。

此外，广州日报深挖我国20年来的外贸大数据，在中国加入世界贸易组织（WTO）20周年的时间节点推出以数据可视化形式制作的动态长图，用"好声音"概念包装翔实的数据，通过"欢声雷动""人声鼎沸""不同凡响""八音迭奏"四部分，涵盖外贸第一省广东乃至全国的20年进出口数据等"硬核"内容，也有进口汽车、水果消费盘点等细节亮点。一图回顾"入世"历程，讲述"入世"如何改变了中国，中国又是怎样影响世界的，多角度呈现中国对外经贸交往的变化与成就，展现中国持续传递开放的强音，与世界携手合奏合作共赢、开放包容国际交响曲的主旨。（麦蔼文、陈雅诗）

纪念新中国恢复联合国合法席位50周年
这掌声 经久不息
50年
新花毯
1971年，恢复中华人民共和国在联合国一切合法权利的提案通过，代表们热烈鼓掌。
广州日报

50年·中国贡献
中国减贫人口
占同期全球减贫人口
70%以上
中国提前10年
完成联合国2030年可持续发展议程减贫目标。
广州日报
新花毯

槌下余音20年
听中国入世好声音
20年前的11月10日 卡塔尔
“入世木槌”落定
中国敲开了世界贸易组织的大门
WORLD TRADE ORGANIZATION
世界贸易组织
同年12月11日
中国正式加入WTO，成为第143个成员
自此开启了深度参与经济全球化的进程

入世20年
我国关税总水平
由入世前的15.3%
降至目前的7.5%以下
工业品平均税率由14.8%降至7.8%
农产品平均税率由23.2%降至15.2%
我国大幅调低了5300多种商品的进口关税
2002年
2005年
我国关税总水平已经降至9.9%
2006年
汽车进口关税下调至25%
2010年
我国关税总水平降至9.8%，承诺的关税减让义务履行完毕
2018年
我国一年内多次主动降低进口关税，使关税总水平由9.8%降至7.5%，汽车整车进口关税降至15%
随着汽车进口关税多次下调
超过1491万辆进口汽车开上了中国路面

10 月

刊发时间
2021 年
10 月 26 日
至 28 日

"入伙记"系列报道

探寻公租房里的幸福生活

作品呈现形式：

报纸版面、视频、新媒体图文

作品简介：

为了更好地宣传广州践行以人民为中心的发展理念，促进共同富裕的具体举措，广州日报策划推出"入伙记"系列报道。报道以"入伙"的形式走入寻常百姓家，一方面感受群众的真切获得感、幸福感，另一方面讲出群众的心声和诉求，起到上情下达、下情上达、上下联通的作用。同时，真实故事与政策表述柔性融合，把故事落到政策上，把政策的好处体现到故事中。

广州日报 要闻 5

空姐黄雅均：三年搬了四次房，心累！如今住进公租房，开心！

飞了五年，终于飞入避风港

广州日报 要闻 11

大学毕业后的徐雪连：昔日租屋跑烂鞋 如今住进公租房获得感满满——

有了小宝宝，宝宝还有小书房

"入伙记"选取空姐、本地户籍市民、大学毕业后在广州工作的"新市民"三个样本，鲜活地讲述他们的人生历程和"寻房"故事，最终落脚到通过公租房让他们获得了幸福安宁的生活。故事有感染力，宣传有说服力。这是一次用讲故事的方式做好中心工作宣传报道的有益尝试，取得了预期效果。

在版面设计中，每个故事选取"团圆"图片为核心大图，用版面语言凸显"公租房带来幸福生活"的报道主题。同时，版面中间位置全部为公租房建设成效、提要，周边则用故事围绕，达到内容"软硬结合"，以软故事衬托硬成绩的效果。（陶开河）

10 | 责任编辑：陶开河 美术编辑：王 斌 | 要闻 GUANGZHOU DAILY | 2021年10月27日 星期三 | 广州日报

市民高玉亭：不幸遭遇变故失去房子 入住公租房再获团圆幸福

几许风雨后，驶入温暖港湾

高玉亭的两个女儿在房间内看绘本。

生活纵使不易，有家便有希望。面对人生过去15年的逆境，高玉亭始终怀着乐观、积极的态度，在家人的爱护和支持下，迈过了一个又一个难关。家的温暖对她来说实在太重要，直至她在2015年成功申请入住棠德花苑的公租房，她说终于有了人生的"避风港"。2019年她获批调整入住棠悦花园公租房，她说这是近20年来最幸福的时刻。在这50平方米的公租房里，远不是"有瓦遮头"这么简单，这里是她陪伴孩子成长的天地，这里是她和家人温馨的时光，短短几年时间，这里已经珍藏了很多的回忆，也有了许多对未来的希望。

文/广州日报全媒体记者全杰
图/广州日报全媒体记者杨耀烨

无奈的人生：家庭突遭不幸 只能变卖房屋

70后的高玉亭户籍在越秀区东风西路，是土生土长的广州人。与很多"老广"一样，高玉亭的祖辈拥有自己的私宅，她自小就跟着父母居住在爷爷的大房子里，大房子里还住着大伯、叔叔等兄弟几家。大房子大家庭，每天都是欢声笑语。她拥有着快乐的童年，作为独生子女，生活无忧无虑，有着父母无限的宠爱。

生活总是在无常中发生着改变。爷爷去世后，大房子变卖了，大家庭变成了小家庭，高玉亭的父母利用分得的遗产买了附近一套92平方米的房屋，一家三口的生活依然有滋有味。然而，2002年，高玉亭母亲確诊罹患乳腺癌，一家人原本如直线般的生活，开始弯曲。

"当时妈妈需要做手术，家里的积蓄不多，难以为继，2004年的时候只能变卖房屋筹医药费，给妈妈治病。"高玉亭说，当年的房价很低，房屋价格也卖得不高，只卖了30万元，但为了筹集给妈妈治病的钱，也只有变卖房屋这唯一方法。

之后，她和爸爸搬去了大伯家里暂住。妈妈开始入院治病，一次又一次走上手术台，一家人咬紧牙关，只希望妈妈的病情好转，早日恢复健康。一家人靠省吃俭用，以应付庞大的医药费开支，生活也从此非常拮据。高玉亭也早早步入社会工作，任职食肆服务员，希望减轻家里负担。

然而，医药费开支不断增加，妈妈的病情依然不太乐观，巨大的生活压力，还是让高玉亭一家喘不过气，最终导致悲剧的发生。2009年的一天，不堪重负的爸爸，在家里自寻短见，了断了生命。

爸爸的离去，妈妈的重病，让年纪轻轻的高玉亭尝到了人生的苦楚。原本开心欢乐的家，顿时烟消云散，以前欢笑声不断的房子，再也没有了热闹，陷入了忧伤的寂静。失去家人，没有自己的家，高玉亭除了彷徨，更是惊慌，她不知道她的人生轨迹将会怎样发展，她也惧怕失去了爱，失去了家人，失去了以前的一切。

"小时候就算多么的不开心，回到家里还有爸爸妈妈的呵护，家里很温暖，我每天都很想回家，看到房屋里熟悉的布置，家的感觉就是这么美好。"高玉亭说，小时候在家里会经常跟爸爸妈妈谈未来、谈梦想，爸爸妈妈总会鼓励她，一家人谈天说地，欢声笑语，"对于我来说，有家就是拥有一切，拥有了希望。"

只可惜生活的剧变，来得如此迅猛，让高玉亭无力抵御，将她的希望，一个又一个、一次又一次，无情地击碎。她想回到从前，回到欢乐的家，和爸爸妈妈一起在屋里，聊海阔天空，任心飞翔。

不懈的努力：艰难打工谋生 频繁租房搬家

纵使生活艰难，高玉亭还是要直面一切。"当前最紧急的，就是要治疗妈妈的病，照顾好妈妈。"高玉亭说，还有一件事也是很紧急，就是要搬离大伯家，寻找新住处，寻找新家。

2009年，高玉亭首先在金沙洲找到了一套两房一厅的出租屋。"房屋处于低层，采光通风等环境都不好，衣服挂在阳台也晾不干，租金要1500元一个月。"居住环境不佳、租金高，让收入不高的他们捉襟见肘，迫使高玉亭需要寻找一个新住处，起码租金要更便宜，方可以应付家里的开支。

"我后来找了另外一处出租屋，在6楼，就是那种宅基地性质的'握手楼'，一房一厅，租金600元一个月。"高玉亭说，虽然居住空间更加局促，但胜在租金便宜，按照他们的月收入，可以负担。

"那时候为了生活，我承包了周围厂房的早餐来做，每天凌晨起床，做好早饭，就送到工厂里。"高玉亭说，虽然生活不易，但她从来不抱怨，更没有流过一滴眼泪，她知道生活本来就不是一帆风顺，每个人都会遇到各种艰难险阻，只有坚强面对，勇敢挑起责任，对家庭负责，才是对家人应有的态度。

在出租屋居住的这段时间，高玉亭妈妈的病情依然不容乐观，但在医生和自身的努力下，病情总算得到控制，没有进一步恶化。不过，每月到医院看病、治疗、开药的开支，都成了高玉亭的一大负担。"幸好有国家医保，药费能通过医保门慢报销一部分，所以每个月的药费个人支出也控制在800元至1000元。"高玉亭说，当时为了照顾病床上的妈妈，她在生活和工作之间两头兼顾，虽然劳累，但很充实，她也希望尽孝心报答妈妈，减轻她的病情，帮助她康复。

在家时，高玉亭不时会回想起童年的快乐时光，那时候的无忧无虑、那时候的大房子大家庭、那时候的梦想和未来，与眼前的现实相比，确实有着十万八千里的差距。

不过，高玉亭不回避目前遇到的困境，她相信，再漆黑的夜也会迎来曙光。生活的意义和价值，在于对光明和未来的仰望。她没有放弃心中的希望。她对未来的憧憬，仿像自由飞翔的小鸟，飞向高高的远方。她有来自家人的爱，他们的温暖是她最熟悉的味道。"有家便有希望。"高玉亭喜欢家的感觉，也需要家的感觉，她希望能通过勤劳的双手，给家人带来更多幸福，给生活带来更多喜悦，给家庭带来更多希望。

高玉亭的儿子在房间内做作业。

供给更充沛

2018年6月以来，珠江租赁累计推出公租房**1.6万余套**，解决**5万余**市民的住房困难问题。

优惠更给力

2020年以来，珠江租赁减免租金近**7000万元**，惠及**4.57万套**公租房、**3.28万户**家庭、**900余家**承租企业。

服务更便捷

2018年11月，珠江租赁与建设银行合作开发建设"珠江租赁"平台，打造"更真实、更便捷、更可靠"的住房租赁平台

2019年9月，珠江租赁设立公司总部服务窗口，完成**1个总部窗口、8个小区窗口**，遍布**4个行政区**，辐射**26个保障房小区**的服务布局。

公租房不"随便" 服务更便捷更贴心 居民更舒适更安心

为给保障对象提供更专业的服务，广州依托广州市城市投资建设集团有限公司和广州珠江实业集团有限公司两个市属大型国有企业，出资组建了广州城投住房租赁发展投资有限公司（下称"城投公司"）和广州珠江住房租赁发展投资有限公司（下称"珠江租赁"）两家市属国有独资专业化住房租赁公司，负责提供保障性住房事务性管理和服务业务。

近四年来，广州着力解决市民住房困难，公租房供应显著加大。数字显示，2018年6月以来，珠江租赁累计推出公租房1.6万余套，解决5万余市民的住房困难问题。2020年以来，珠江租赁更减免租金近7000万元，惠及4.57万套公租房、3.28万户家庭、900余家承租企业。

正是"无形的手"和"有形的手"相互配合，才让广州保障房得以行稳致远。

公租房惠民力度不断提升的同时，服务质量也得到大幅提升，居住体验不断改进。

2018年11月，珠江租赁与建设银行合作开发建设"珠江租赁"平台，打造"更真实、更便捷、更可靠"的住房租赁平台，让群众少跑路，为推动广州租赁市场的健康可持续发展助力。

为更进一步提升服务质量，让服务更便捷、更贴心，珠江租赁增设服务窗口，拉近与住户的距离。2019年9月，珠江租赁设立公司总部服务窗口，完成1个总部窗口、8个小区窗口，遍布4个行政区，辐射26个保障房小区的服务布局。

为了让市民看房更方便，广州还率先实现公租房5G线上直播看房。以直播的方式让市民身临其境感受保障房小区环境以及房间户型、大小等。

为了让市民住得更加安心，广州大力推进公租房智能化管理。2020年，江云轩、珠江嘉苑（二期）公租房智能门禁系统，金御苑智慧社区管理系统相继投入使用。2019年，完成所有保障房小区电动自行车集中充电设施的设置。

居住体验与物业服务水平密切相关。为了让物业服务考核制度更加完善，珠江租赁建立起复合考核评价体系。2020年底，实施"五个一"维修标准化，即统一工作服装、统一受理标准、统一回复时间、统一修复时限、统一质量标准，全方位、全过程提高维修服务质量和效率。2018年6月以来累计开展维修9000余宗。

物业更用心

2020年底，珠江租赁实施"五个一"维修标准化，即统一工作服装、统一受理标准、统一回复时间、统一修复时限、统一质量标准。

2018年6月以来累计开展维修**9000余宗**。

居住更安心

2020年，江云轩、珠江嘉苑（二期）公租房**智能门禁系统**，金御苑智慧社区管理系统相继投入使用。

2019年，完成所有保障房小区电动自行车集中充电设施的设置。

突然的幸福：搬进公租房 生活质量大幅提升

2014年，她获悉政府正推出公租房，作为广州户籍家庭，她家庭名下没有房产，年人均可支配收入限额低于3万元，完全符合广州市城镇户籍中等偏下收入住房困难家庭申请资格。

"当时知道公租房是为了保障城镇户籍中低收入住房困难家庭，而且公租房无论位置、户型、装修、质量，都得到社会肯定，所以我连忙递交了申请，希望能尽快入住公租房。"高玉亭说，她申请入住公租房，是看到了政府的保障政策更加可靠，保障年限也更长，同时公租房的租金低廉，对于他们这种中低收入家庭来说，就如救命稻草。

很快，高玉亭被抽中，分配到了城投住房租赁棠德花苑一间两房一厅、面积约47平方米的公租房。2015年，高玉亭一家就迫不及待搬进了公租房。也从这时开始，高玉亭一家的生活开始有了根本性的变化。

"首先是房租很低，足足比外面租房子便宜了一大截，生活费节省了许多。"高玉亭说。

另外，房屋的面积虽小，但很实用，两房一厅的布局，也符合他们当时的需求。"房屋显得很新，质量也不错，有管道燃气。只需将家具搬过来，就能布置好一个家。"高玉亭说，搬入了公租房，他们一家的心情也变得好多了。

2019年，高玉亭得到了有关部门的答复，可以调房至距离棠德花苑不远处的棠悦花园。

高玉亭一家搬入棠悦花园的三房一厅居室，面积为50.51平方米。"棠悦花园的楼层更高，视野也更好，空气也好，站在阳台上，能望到很不错的风景。"高玉亭说。由于有了三房，因此大儿子可以有一间独立的房间，房间里除了可以摆放床铺，还摆放了书架和书桌，大儿子可以在房间里读书写作业，有了自己的独立小空间。

由于双胞胎女儿年纪还小，因此高玉亭和双胞胎女儿一起睡同一间房，房间面积也足够放下一张大床，让她们可以并排躺在床上，讲故事，唱儿歌，一起睡着。

还有一间房，高玉亭用作玩具房，儿女的玩具都堆放在玩具房里，让孩子们有了一个欢乐的空间。事实上，这房间是日后留作双胞胎女儿的房间，到时高玉亭将在房间里摆放双层床，女儿俩就能睡在上下铺，有了自己独立的空间。

房子的客厅也很实用。每天晚上，高玉亭会在厨房里做好美味营养的饭菜，在客厅里摆放饭桌，将美味的菜肴用碟子盛好，将饭菜摆放在饭桌上。当孩子们围坐在一起，嘴嘟嘟地不停嚷嚷说着天南地北，看到美味的饭菜，就会争先恐后地手指着要吃这个吃那个，妈妈则一边逐个孩子夹菜，一边用关切的眼神看着孩子，叮嘱他们坐端正，注意吃饭礼仪。

一家人围坐在一起，饭菜的温度，直暖人心。这就是家，是高玉亭多年来梦寐以求的安稳，细水长流的天长地久。

安心的当下：妈妈病情稳定 儿女入学无忧

一切都安排得妥妥当当，幸福来得如此简单。高玉亭说，入住棠悦花园一年来，生活已经基本适应，用她自己的话来说，这是15年来最幸福的生活。

"家庭在，齐齐整整，住的房子令人满意，生活也没有后顾之忧，孩子身体好，妈妈的癌症虽然进入第五期，但已经熬过了17个年头，也算奇迹，令人安慰。"高玉亭说，一路走来，不断面对难关，也不断克服难关，如今笑对生活，一切都显得那么从容乐观。

最让她感触的是，从居无定所，到频繁搬入出租屋，到如今入住公租房，生活经历过曲折，如今终于安稳下来，找到了一个满意的归属、满意的窝。从小有家庭温暖的包围，让她对家的温暖渴望至深，在历经人生的多个难关和低谷，现在对家的温暖更是倍感珍惜。房屋对她来说不只是家的温暖，更是人生的"避风港"，在这里，她可以有自己欢乐的小天地，可以有孩子的快乐生活，可以有她与母亲的天伦之乐。

高玉亭说，如今儿子入读了小区地段里的小学，双胞胎女儿也将入读小区里的公办幼儿园，只要家人开心快乐，她也心满意足了。

棠悦花园由城投住房租赁管理，配套设施完善，让高玉亭也感到满意。"这里交通便利，公交车站就在家门口不远处。同时小区里有超市、商场，购买日用品也很方便。"高玉亭说。

最让她感到开心的是这里的邻居和工作人员总是那么亲切、友善。"小区里的物业保安总是尽忠职守，每天守在出入口，确保小区的安全。疫情期间，他们还肩负着测温和检查健康码的任务，认真仔细，让我们居民都感到很放心。"高玉亭说，小区里的邻里情也让人倍感珍惜，大家见面时会互相打招呼，邻居之间会互相帮助。"中秋时候，我们还互相分享美食，这让我想起小时候街坊之间互相串门、互相分享食物的场景，真的让人很感动，很怀念。"

高玉亭和女儿。

拾壹

“最美广州奋斗者”

我们这样致敬奋斗

作品呈现形式：

报纸版面、猜谜海报、短视频

作品简介：

“奋斗本身就是一种幸福。只有奋斗的人生才称得上幸福的人生。” 2021 年 11 月 2 日起，广州日报聚焦身边平凡而又伟大的幕后奋斗者的故事，策划推出“最美广州奋斗者”系列报道，讴歌奋斗者群体形象，传播城市精神，刻画城市品格。报道有的登上了全城热搜，有的被学习强国总台选用，取得良好的传播效果。

报道采用“1+3+1”（1 个主人物 +3 个关联人物 +1 份行业成绩单）的形式，以主人物的故事为重点，配发相关联的 3 个人物故事形成行业群像，最后展示一份行业成绩单。由人的奋斗故事娓娓道来，再延伸至行业群像，最终导出城市的活力和奋斗底色。例如，第一篇《“请您坐好扶稳”，张师傅有套刹车经》，除主人物公交车长张志德外，还采写了同样坚守一线的调度员、维修工和站务员，他们一起组成一幅丰富多彩的公交人行业群像。不同于以往单一的人物报道或行业扫描，这次系列报道真正做到了见人见事见成就。

同步推出的系列创意海报《他是谁》，打破人物群像海报惯用的设计方式，撷取每期人物的个性言语、人物故事关键词语，借鉴视频网站“蒙版弹幕”的效果，用文字拼成填充画面，留空部分形成一个个奋斗者的剪影，将个体形象上升为奋斗者群像。同时，以猜谜形式吸引读者参与互动，竞猜正确答案。例如，第一张以手握方向盘的公交车司机剪影为海报主体、第二张契合北京冬奥会奖牌背面的南越玉璧元素设计竞猜形象，一经推出后便获得广泛点赞。（夏强、陈雅诗、汤新颖）

最美广州奋斗者 ①

“请您坐好扶稳”，张师傅有套刹车经

205线公交车长张志德“一抱救下两条生命”火遍全网背后是广大公交员工的默默付出

幸福的“摆渡人”：感谢家人体谅 为市民开好车

要钻研的公交车长：勇往心间牢记 踏实了班干间

“最得住的”重视：做人热心有爱 指事细心较真

深化国家公交都市建设 努力实现“出有畅行”

最美广州奋斗者

海珠创新型产业园区工美港有这样一群青年为梦想一路奋斗

我们，终将活成自己想要的模样

兴趣催生“红小豆”

无例可循 自己摸索

一杯咖啡 沉淀三年

“北极星”：帮助青年找到自己方向

冠到，是一个奋斗的好地方

线上线下累计开展超千场社交成长活动

海珠区累计建成科技企业孵化器47家

11月

刊发时间
2021年
11月8日

记者节融媒体作品

够燃够幽默，尽显新闻人风采

作品呈现形式：

报纸版面、海报、新媒体图文

作品简介：

在2021年11月8日第22个中国记者节当天，广州日报策划推出《我们就这么给力》系列融媒体作品，包含报纸跨版、主题微视频、手绘漫画、主题海报等报道形态，利用丰富的融媒体形态，展现广大新闻工作者坚持人民立场、用心用情服务人民群众的坚守和担当，激发出凝心聚力、奋进出发的蓬勃朝气，凝聚起不断讲好中国故事、反映中国伟大实践的强大奋进力量。

《我们就这么给力》跨版由20位新闻工作者讲述各自在采编一线的亲历故事和践行“四力”路上的见闻感悟。《太真实了，一不小心又暴露了……》手绘漫画作品通过“段子式”的对比描绘，再现了编辑记者的工作生活场景。“高字量男性”的幽默自嘲、统筹策划工作的无缝衔接、拍摄剪辑工作的一肩挑……通过幽默诙谐的漫画段子，还原了这群新闻背后的工作者形象。《我是记者，YYDS！》微视频以“YYDS”为线索，配合一幕幕来自新闻一线的画面镜头，串联起记者“勇于动身”“优越胆识”“有一点飒”“以一当十”“永远斗士”等职业品格。通过运用广大网友喜闻乐见、“接地气”的表达手法，贴合广大网友的语言习惯和共情心理，真切地呈现了新闻工作者走进人民群众、真实反映民生冷暖的奋斗品质。（何超）

别人夸我高质量男性
其实我是高宅量男性

一时统筹一时爽
一直统筹一直爽

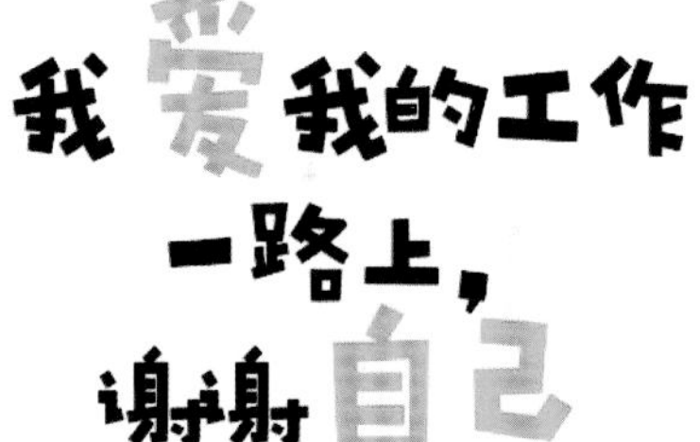

庆祝第22个中国记者节

11·8

广州日报

NEWS

我们就这么给力

11月

刊发时间
2021年
11月8日起

"广聚英才我来了"系列报道

对话高水平人才 唱响大湾区未来

作品呈现形式：

报纸版面、短视频、海报

作品简介：

人才是第一资源。广州日报策划推出"广聚英才我来了"全媒体系列报道，与多位广东广州引进的有代表性的高端人才展开深度对话，透过人才之眼看广东广州的发展成就、未来前景，进而折射出粤港澳大湾区的独特区位优势和巨大吸引力。

系列报道聚焦广东和广州引进的在穗工作的高端人才，在采访对象的选取上注重多元性、典型性和湾区特色，他们具有不同的国籍、身份，研究领域各异，但均具有丰富的海内外科研背景、在所从事领域具有很高的知名度，并在粤港澳大湾区这个平台上为人才交流和产业发展做出了贡献，生动体现了该系列报道的"海纳百川、群英荟萃"之意。

系列报道采用了第一人称叙述的方式，内容鲜活，细节丰满，极大地拉近了普通读者与科学家之间的心理距离。同时，报道还盘点了相关领域的人才数据、政策举措等，点面结合，让读者能够从多个不同的视角来观察了解广东广州的人才政策、科研环境、发展成就、未来前景，起到了从小切口讲好大文章的作用。

系列报道、人物海报、中英文视频在报纸、网络、客户端全平台及境外平台同步推出。（张毓）

广东省大湾区集成电路与系统应用研究院首席科学家Henry H.Radamson：

这是一片正在成长的地方

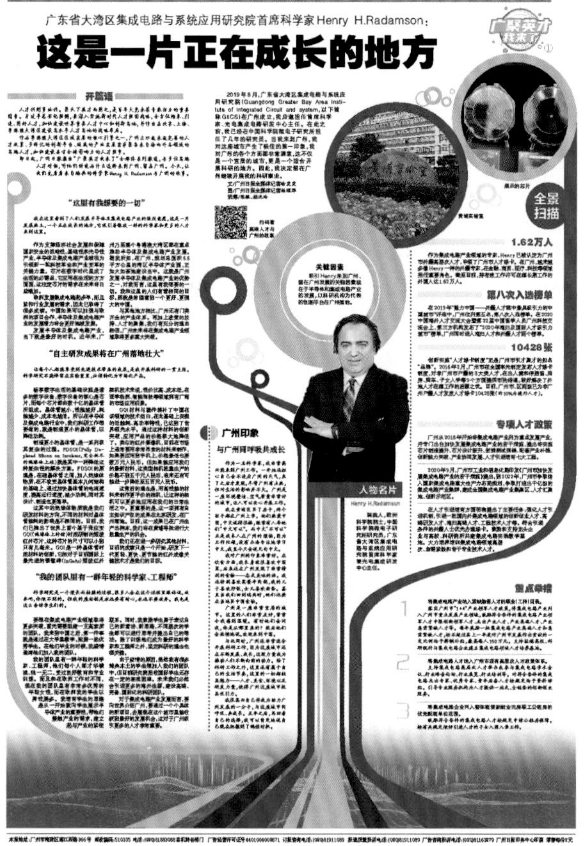

8 要闻

中国科学院院士、中山大学药学院教授陈新滋：

我回来了，还带回学生和团队

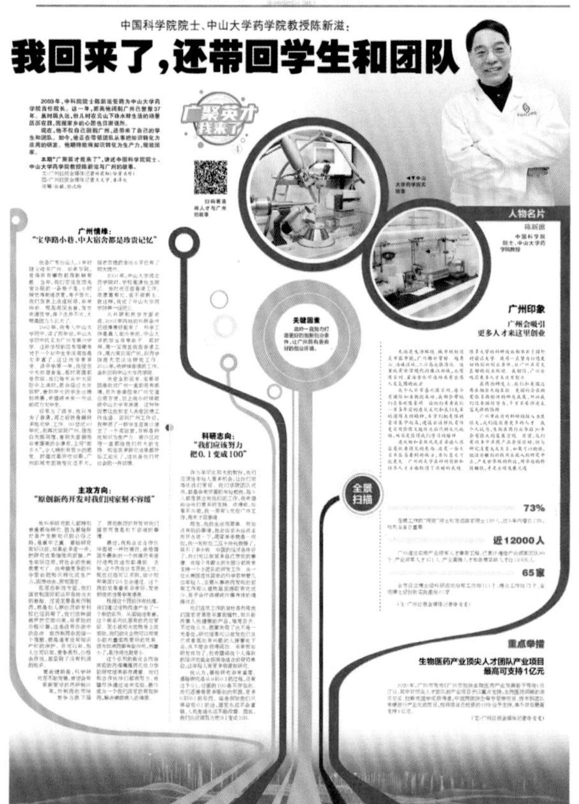

11月

刊发时间
2021年
11月29日起

“我从基层来”系列报道

践行“四力” 讲好一线故事

作品呈现形式：

报纸版面、短视频

作品简介：

“我从基层来”基层调研行全媒体系列报道切实践行新闻工作者“四力”，以记者的第一视角带领受众扎根基层一线，通过小切口、小故事展示广州干部群众奋进新征程、建功新时代的生动实践。

“我从基层来”选取了十多位一线工作人员作为采访对象，包括医生、疫情防控人员、科研人员、扶贫干部、农村技术员、创业青年、志愿者、非遗传承人等，涉及经济、社会、文化等多个领域。记者跟随采访对象蹲点社区、农田、医院、实验室等地点，进行贴身体验式采访，用文字、图片和视频记录一幕幕鲜活的场景，讲述了一个个带着“泥土味”“汗水味”的生动故事。同步推出的系列Vlog短视频从记者体验的视角切入，风格活泼自然，贴近受众。

“我从基层来”系列报道躬身基层，深入挖掘广州各地一线深入学习贯彻落实党的十九届六中全会精神的生动实践，获得热烈反响。《广东广州少儿粤剧传承：把“南国红豆”种在更多孩童心间》视频登上学习强国总台。广州日报客户端、新花城客户端专题总点击量超过115万。（张毓）

广州日报 2021年11月29日 星期一　学习贯彻十九届六中全会精神　责任编辑：嵇沈玲 美术编辑：刘赞文　3

我从基层来 1

家门口有了免费眼科专科

南沙东涌启动免费为60岁以上户籍老人治疗眼科疾病服务

开篇语

为深入学习贯彻党的十九届六中全会精神，广州日报即日起推出《我从基层来》基层调研行系列报道，派出多路记者深入广州各部门各单位基层一线进行蹲点体验式采访，以记者视角观察、挖掘基层工作中涌现出的鲜活案例，展现广州干部群众学习贯彻落实全会精神，埋头苦干、勇毅前行，迈向新征程建功新时代的生动实践。

11月26日、27日，记者来到广州市南沙区东涌医院，亲眼目睹了69岁的许阿姨从术前筛查到现场手术、再到术后复明的全过程。据了解，我国是世界上盲和视觉损伤患者数量最多的国家之一，农村困难人口白内障致盲的问题始终存在。对此，广州市南沙区东涌镇从2020年就开始谋划，于今年启动免费为60岁以上户籍老人免费治疗眼科疾病的民生项目。

11月11日，该项目正式在东涌医院眼科专科门诊开诊，并于次日对第一批4名符合手术治疗的老人进行手术，许阿姨是第三批手术的受益者之一。目前所有接受治疗的眼科患者都顺利出院，术后视力得到大幅提升。该项目正是南沙区东涌镇贯彻落实党的十九届六中全会精神，办好民生实事、"加码"群众幸福感的具体体现之一。

文/广州日报全媒体记者董业衡、耿旭静
图/广州日报全媒体记者陈忧子
统筹/张毓

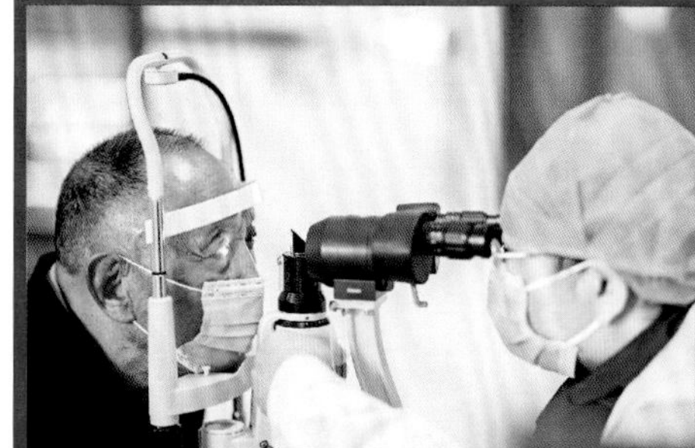

南沙东涌医院，医生免费为60岁以上老人提供术前眼部筛查。

医生和专家带着设备走进村庄

"做完手术后，我们夫妻两人眼睛恢复得都很好，简单的家务可以自己解决。"11月26日，在东涌医院等待术后复检的雷大爷和张阿姨拉着记者的手激动地说。

雷大爷和张阿姨是一对老夫妻，已双双迈入75岁高龄。据他们介绍，眼睛早些年还能勉强看清一些文字，近几年已逐渐变成"白茫茫"一片。他们知道自己患上了白内障，但一次动辄几千上万的手术费让这个普通的家庭难以承担。"这次民生服务解了一家人的燃眉之急。"

除了雷大爷夫妇，现场还有七八个老人正在诊室外等候医生叫号检查。他们有的是进行术后恢复检查，有的则是为下午手术进行最后的术前筛查工作，许阿姨就是其中之一。诊室内，外科医生和护士们正通力协作，将每位老人搀扶到一个个专业设备前，进行各项身体情况检测。

东涌医院副院长车桂文告诉记者："眼部手术术前需要经过层层筛查：视力检查、眼压检查、眼部A超B超、角膜曲率测量、人工晶体度数测量等，同时在确保身体各项技能达到手术合格水平之后方可进行，术后也需要老人定期回医院进行复检，这样老百姓的心里才会更踏实更放心。"

今年上半年，东涌医院的医务人员与上级医院专家带着设备，走进村、社区对全镇60岁以上老年人进行眼科疾病筛查。经过初期筛查，东涌片区患有老年性白内障患者214例、药物性白内障6例、外伤性白内障14例、后发性白内障19例、翼状胬肉107例，另外还有部分青光眼、结膜囊肿等病例。

"在入村筛查之前，很多老年人对眼科疾病的治疗意识不强，加上治疗眼科疾病要去市区且费用较高，大部分老年人治疗意愿都不强。"车桂文说道。"但是当第一批免费接受治疗的长者视力均得到改善的消息传播开来后，很多老人都积极联系医院，预约检查和手术。"

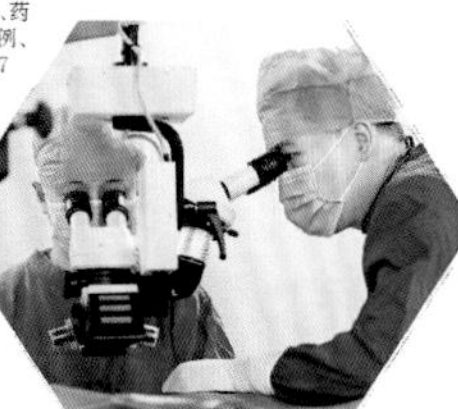

医生们正在实施白内障手术。

请来三甲医院眼科专家做手术

穿好防护服，戴上防护帽，进行全身消毒后，记者跟随外科医生一起进入东涌医院的眼科手术室。许阿姨已经在护士的搀扶下躺在了手术台上。

"紧张吗？""不紧张，我对医生有信心，马上就可以重见光明了，感谢大家！"许阿姨的话，让记者微微揪着的心放松下来。据了解，东涌医院在眼科专科引进了"黑科技"，在上级医院专家团队的带领下，通过新仪器可以为患者实施白内障超声乳化+人工晶体植入术治疗。这也是目前国内主流的微创型白内障手术，技术成熟，治疗效果立竿见影，主要特点是术后反应轻、手术时间短、视力恢复快。

本次手术的外科医生是来自广州医科大学附属医院的副主任医师陈楠，只见他麻利地给许阿姨眼部滴上表面麻醉药并进行术野消毒，然后为右眼周边盖上一层又一层的绿色无菌巾，再贴上眼科无菌手术贴膜固定眼睑，前期准备完成，手术正式开始。

"做一台手术就像上一次战场，不仅需要注意力高度集中，更需要大家齐心协力、共同作战。"陈楠告诉记者。记者在手术现场看到，整个手术台周边围满了助理医生和护士，在陈楠的指挥下，紧张有序地忙碌着。

十倍显微镜下，陈楠手持3毫米厚的眼科手术刀，在许阿姨的角膜处切开一个小口子，随后另一只手拿着超声乳化机缓缓打碎晶状体后吸出碎片，最后再植入人工晶体，缝上纱布。手术只有十几分钟，陈楠靠几根手指就完成了全过程，堪称显微镜下的"微雕大师"。

"眼科手术失之毫厘差之千里，不允许有半点意外。"看着许阿姨顺利完成手术推往住院部，在一旁的车桂文告诉记者。"我们在显微镜下所接触的眼部组织，很多直径不足1毫米，在如此精细的气管上'飞针走线'，是眼科医生从业后的必备本领。医生需要有堪比职业运动员的体能和毅力，才能顺利完成每次手术。"

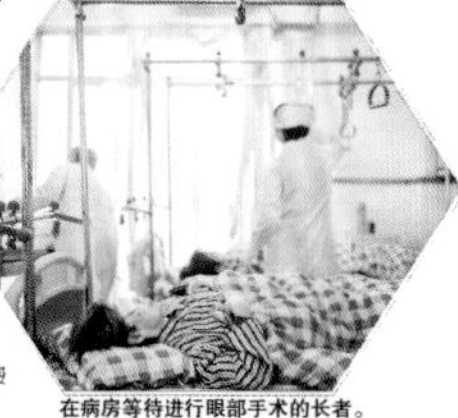

在病房等待进行眼部手术的长者。

让本地老人看病不再"远难贵"

"当镇党委、镇政府找到医院一起开展这项服务时，我特别开心。能使本地老人看病不再'远难贵'，让更多失明老人重获新生，是医生最大的快乐。"东涌医院院长张意清说。

据了解，拥有20万人口的东涌镇，镇内医院没有专业化的眼科专科。镇上老人要治疗眼科疾病，就要面临"远难贵"的难题，因此大部分人未能及时就医。东涌镇党委、镇政府知晓这一情况后，推出由政府出资金采购设备，筹集慈善款专门用于免费为东涌镇60岁以上户籍老年人眼科疾病治疗，再由东涌医院邀请三甲医院眼科专家过来开展白内障手术等这一眼科新服务项目，该项目也被列入东涌镇2021年十项民生实事之一。

"自11月11日东涌医院眼科专科门诊开诊以来，已成功为三批老人完成手术，让他们重见光明。'家门口的眼科专科，看病不再远难贵'在东涌成为现实。该项目将长期开展下去，每周安排上级医院专家团队门诊并安排符合条件的患者进行手术。与此同时，东涌镇将会每年在医疗上投入专项资金加强内分泌专科建设、骨科专科建设、微创专科建设等专科建设，让百姓受益更长久。"东涌镇政府相关负责人表示。

扫码看记者赴一线蹲点体验式采访

记者报告

把老百姓的难事放在心坎上

看到许阿姨揭开纱布那一刻激动欣喜的样子，听着老人们一遍又一遍感谢的话语，身在现场的我同样感到无比激动和高兴。

老人出远门困难？把眼科搬到家门口；医疗费用负担不起？提供全部免费服务；担心医生不专业？从市区大医院请来专家就诊……当地党委、政府深入基层了解群众痛点和呼声，用心为群众排忧解难，想方设法解决了基层群众看病难、看病远、看病贵的问题，让老百姓得到了实实在在的实惠。这正是东涌镇深入学习贯彻党的十九届六中全会精神，以人民为中心，办好民生实事，不断提升人民群众获得感幸福感安全感的一个显著事例。

正如陈楠医生说，"做一台手术就像上一次战场，不仅需要注意力高度集中，更需要大家齐心合力、共同作战。"要把民生实事办实办好办到位，同样需要各方齐心协力，劲往一处使，才能发挥最大力量。在本次蹲点采访中，我深切感受到政府部门、医院、企业等社会各界全心全意为人民服务的责任感和使命感，也期待未来该民生项目帮助更多村民摆脱病痛、重获光明！

人工晶体

8　责任编辑：嵇沈玲 美术编辑：刘赞文　学习贯彻十九届六中全会精神　2021年12月21日 星期二　广州日报

把"南国红豆"种在更多孩童心间

记者走访粤剧艺术博物馆少儿粤剧传承基地　看百年粤剧的新时代传承

我从基层来 6

文/广州日报全媒体记者关多　通讯员荔宣
图/广州日报全媒体记者彦雪明

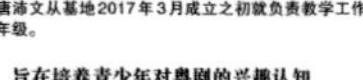

"蛇矛丈八枪，横挑马上将。披戎装、披戎装！乌骓马上逞豪强、逞豪强！呔！张飞有名称好汉，马超原是小儿郎……"12月初的一个周四傍晚，恩宁路多宝涌北岸，与粤剧艺术博物馆主馆对望的一间仿古小楼里，传出熟悉的粤剧《夜战马超》的经典唱段。声音来自詹天佑小学、西关培正小学的孩子们，从下午4时半到6时，每周两次，他们被学校老师领到这里上粤剧课。

"这是我们粤剧艺术博物馆少儿粤剧传承基地开设的公益课程，零收费，零基础甚至是不会说粤语的孩子都可以来学。"荔湾粤剧非遗传承人、少儿粤剧传承基地导师唐沛文从基地2017年3月成立之初就负责教学工作，把有些学员从幼儿园教到了四年级。

扫码看记者赴一线蹲点体验式采访

学员们在排练红色经典剧目。

旨在培养青少年对粤剧的兴趣认知

一声响喉，孩子们迅速站好位，这次他们要排练的是《夜战马超》《山乡风云之访贫问苦》。基地授课采取"以戏带功"的方式，老师通过编排一些粤剧剧目，教授学员其中要用到的基本功。在他人眼中，这看似是一种"速成法"，但唐沛文告诉记者，基地并非培养专业的粤剧演员，而是培养青少年对粤剧的兴趣认知，进而将粤剧这一传统文化传播出去，同时，培育出一批粤剧观众，这也是少儿粤剧传承基地开设的初衷所在。"当然，我们排完戏，也会有唱功和形体训练。"只见唐沛文席地而坐，敲着鼓，孩子们有节奏地压腿、下腰、翻跟头、走圆场。

2017年3月，少儿粤剧传承基地成立，由粤剧艺术博物馆实施管理，招选学员实行全免费公益教学。成立之初，基地以詹天佑小学为试点，与校方探索协商合作有效模式，在校园内部招收学员，并借助学校场地资源，利用假期和课余时间进行开班教学，重点开设基本功（唱功、形体训练）和折子戏培训课程。后来，基地又将三元坊小学、西关培正小学纳入教学分点，三所学校学员分批轮流，每周上两节课。

基地还邀请著名粤剧表演艺术家丁凡、欧凯明，红派艺术传人郭凤女，中国戏剧梅花奖获得者曾慧，广东舞蹈戏剧职业学院的资深教师邓忠平、金鑫、黄燕、盛喜隆等参与教学，累计学员达500余人。

"我叫刘雪姿，来自詹天佑小学，今年四年级。"刘雪姿是基地的当家花旦，从幼儿园中班开始就学粤剧，声音清亮婉约。简单的自我介绍后，她落落大方地唱了一段《红娘递柬》。原来，刘雪姿自小受到在粤剧私伙局的外婆影响，喜欢上了粤剧，得知粤剧艺术博物馆免费开班就报了名。她本住在广州海珠区，却没有落下一节课，幼儿园毕业后为了能够继续学习，甚至搬家到荔湾区永庆坊周边，上了詹天佑小学。

"如今，家长也慢慢转变观念，不再把粤剧当作老人家的消遣，有的甚至全力支持孩子来学。"唐沛文是一名"90后"东莞姑娘，也曾是一名学戏的孩子，"我上初中时偷偷报名上粤剧学校，还遭到妈妈的激烈反对。"唐沛文感慨，随着粤剧不断推广，家长对孩子学粤剧的接受度变高了，尤其是在荔湾老西关，粤剧的氛围更加浓厚，这里不仅有八和会馆、銮舆堂、粤剧名伶故居、粤剧艺术博物馆，还能时常听到大街小巷飘出来的粤剧曲调。

张沥行在老师指导下练习腿功。

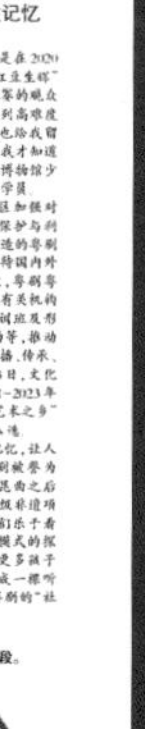

学员们在老师的指导下练习粤剧基本功。

这里走出全国小梅花荟萃金奖

"台上一分钟，台下十年功"，即使有家长的支持，学戏也并非一件易事。在当天的课堂中，有一位叫张沥行的男孩被另一位老师单拎出来"开小灶"，在角落里练习翻功。自少儿粤剧传承基地开班以来，张沥行是唯一一名拿过粤剧最高殊荣——全国小梅花荟萃金奖的学员，获奖剧目是传统武戏《白水滩》。他扮演的豪杰徐士英不仅有翻跌等高难度动作，还有火爆的把子戏，要会耍棍花和枪花。

当天的课堂，张沥行再次练起徐士英的空翻下桌动作，只见他跃上一米高的方桌，一个空翻落地，却不小心摔在地上。"再来一次！"老师严厉地说，张沥行没有犹豫，再次上桌，空翻下桌，稳当落地。练习结束后，10岁的他告诉记者，翻下来时后腿用力不够才摔了，"不能多想，一定要集中精神。"四年级时，张沥行还凭《邢虎村》黄天霸一角拿下广东省小梅花奖荟萃十佳金花奖，表演中同样有着朝天蹬、"三起三落"、旋子等高难度腰腿功。

2019年，张沥行还是詹天佑小学一名二年级学生，报名参加了少儿粤剧传承基地的公益课。因为有一定武术学习经历，张沥行在第一堂课就被发现柔韧性不错，走上了小武生的练习之路，2020年起专业的京剧老师对他开始了一对一指导。如今，张沥行已有丰富的舞台表演经验。

孩子们的天性和特长各有不同，训练也是因材施教。唐沛文说，她会根据孩子们的唱功、身段等表现，分配不同的角色。传统粤剧讲述的多是帝王将相、英雄豪杰、才子佳人的故事，要让孩子们理解后再表演出来并不容易，这让唐沛文更注重编排符合孩子年龄特征和时代背景的新粤剧。"比如我们排了一出《不知者》的剧，讲的是北宋两名富家子弟不爱学习、盲目自大，与欧阳修斗诗后败阵，才意识到山外有山、人外有人，从而勉励孩子们要脚踏实地、好好学习。"唐沛文认为，剧本创新是粤剧传承的关键，她呼吁专业人士多创作一些符合新时代青少年认知的新题材。

记者手记

探索传承新模式 让城市留住记忆

认识张沥行，是在2020年荔湾区第四届"红豆生辉"青少年粤剧粤曲比赛的观众席。舞台上用一系列高难度动作征服了评委，也给我留下深刻印象。后来我才知道张沥行是粤剧艺术博物馆少儿粤剧传承基地的学员。

近年来，荔湾区加强对粤剧粤曲的传承、保护与利用。由政府主导打造的粤剧艺术博物馆年均接待国内外游客近100万人次，粤剧粤曲非遗传承人以及有关机构以开设私伙局、培训班及形式多样的宣传活动等，推动粤剧艺术文化的传播、传承、发展。今年11月3日，文化和旅游部公布2021—2023年度"中国民间文化艺术之乡"名单，荔湾区成功入选。

让城市留住记忆，让人们记住乡愁。粤剧被誉为"南国红豆"，是继昆曲之后第二个被列为世界级非遗项目的中国戏种，我们乐于看到，通过粤剧传承模式的探索，"南国红豆"在更多孩子心间播种，逐渐长成一棵听粤剧、学粤剧、爱粤剧的"社会最国树"。

学员在练习粤剧唱段。

11月

刊发时间
2021年
11月29日
至12月29日

《这道题“会”考》

MG读决议 全民齐学习

作品呈现形式：

MG动画、微视频

作品简介：

2021年11月8日，中国共产党第十九届中央委员会第六次全体会议在北京召开。广州日报利用新媒体形式和先进技术做好全会精神宣传，尤其加强了对青少年群体的传播效果。11月29日起，广州日报创意制作推出《这道题“会”考》MG动画系列微视频在微博、视频号等多个端口传播。设计生动趣萌的“广报超超”卡通形象，以活泼灵动的形式带受众逐一了解全会决议中的新提法、新论述，让党的十九届六中全会精神“飞入寻常百姓家”。

11月29日至12月29日，广州日报连续推出MG动画共9期，内容丰富、趣味性强又短小精悍，采用创新性文本语言，准确稳妥学原文、划重点，让受众在短时间内学习领会党的十九届六中全会精神。每期动画内容和形式巧妙融合，包含丰富的知识。在视觉设计方面，MG动画采用扁平化的视觉语言，体现趣味性的同时又简洁明了、利于传播。画面采用矢量图效果，用统一的设计风格定位人物形象和故事背景。背景素材紧贴内文主题，选用层次错落、空间感强的各类场景图。丰富的背景元素与轻松灵动的人物动态紧密结合主题内容，让读者产生共鸣，代入场景和故事，激发其观看兴趣。

《这道题“会”考》MG动画微视频推出后广受好评，在新媒体平台引发圈层传播，9期MG动画都登上了学习强国总台。（章虹）

广报超超敲黑板
这道题会考
第二期

第一期
这道题
党的十九届六中全会会考
简介
评论 2021
点我发弹幕
弹
热门评论
按热度
超超敲黑板
UP
置顶 距离下次考研还有一年，距离2022年高考还有半年，距离新年新挑战还有一个月，但实现中华民族伟大复兴已经处于关键时期，在实现第二个百年奋斗目标新的赶考之路上，有哪些必答题？一起来看课代表广报超超敲黑板！
2021
XXX：需转
XXX：太有用了！
XXX：良心资源up！
不用关注公众号，
不用朋友圈集赞，
扫二维码可看→

11月

刊发时间
2021年
11月29日起

“家门口 新变化”系列报道

走进现场，写出有灵魂的新闻

作品呈现形式：

报纸版面、短视频、H5

作品简介：

跨越年度的全媒体系列报道“家门口 新变化”，从百姓视角切入，组织融媒体记者队伍深入街头巷尾走读体验，通过文字稿件、图片、视频、H5等多媒体报道手法，生动反映了城市民生得到改善、城市品质得到提升，俯下身沉下心，讲好广州故事。

该系列报道旨在选择小切口展现大变化，捕捉小幸福折射大民生。因此，在确定采访对象、采访地点、主题内容的时候，采编团队就精心挑选了高品质碧道和典型河涌、无障碍设施、“微改造”空间、居民健身设施、图书馆和书店、肉菜市场、口袋公园、流动儿童公共空间、创意园、婚姻登记处、天桥等具有代表性的地点，组织记者逐一探访，在写出现场感、体验感之余，更以小见大，紧扣时代脉搏。

这些选点都涉及政府工作和社会关注的热点。采编团队在吃透民生政策的基础上，深入现场，展现政策之下发生在老百姓身边的具体变化，生产出了一期期贴近实际、贴近生活、贴近群众的新闻作品，获得2022年度广东新闻战线“走基层、转作风、改文风”活动优秀作品一等奖。

“家门口 新变化”全媒体系列报道深入基层一线，突出“体验”二字，由于现场感较浓，编辑、记者下笔时带着亲身经历的感受，因此更容易打动读者。（梁倩薇）

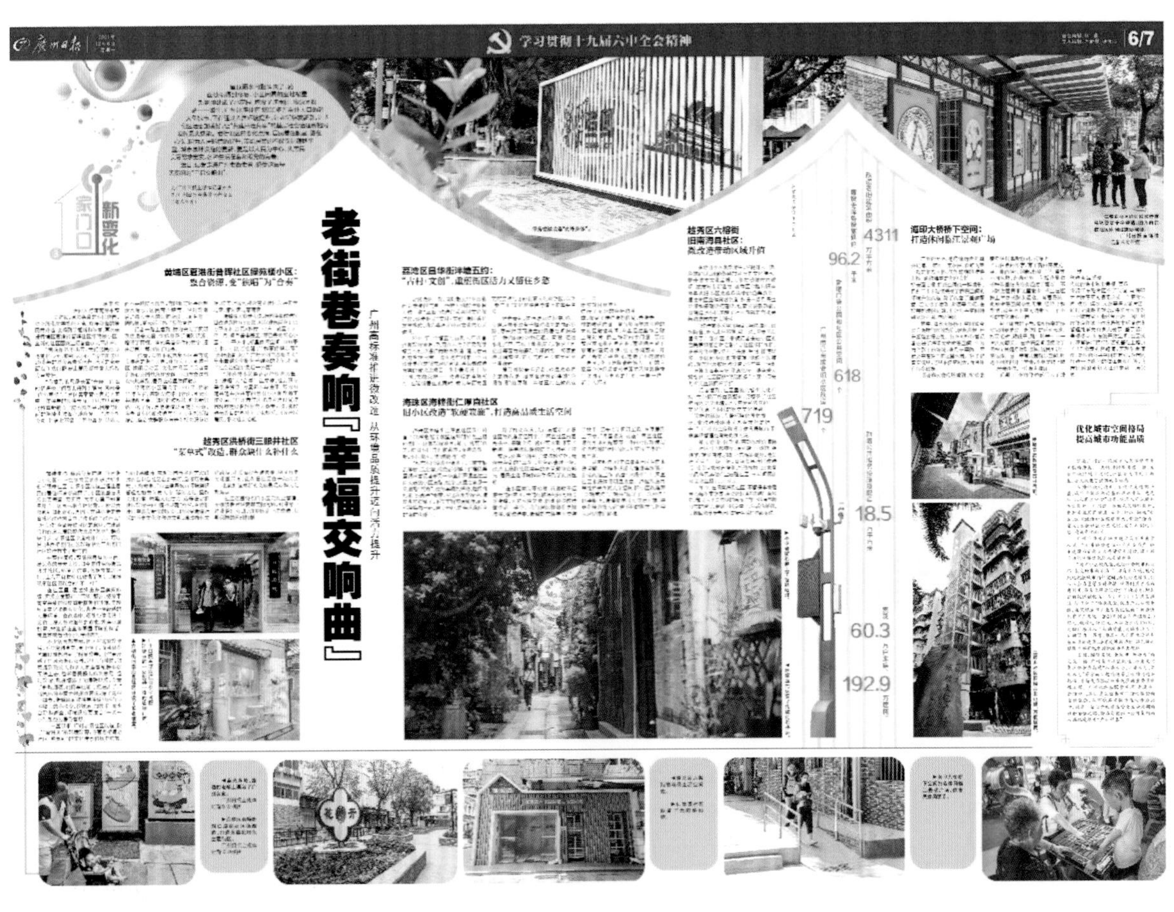
学习贯彻十九届六中全会精神
6/7
老街巷奏响『幸福交响曲』
广州高标准推进微改造 从环境品质提升迈向活力提升
家门口新变化

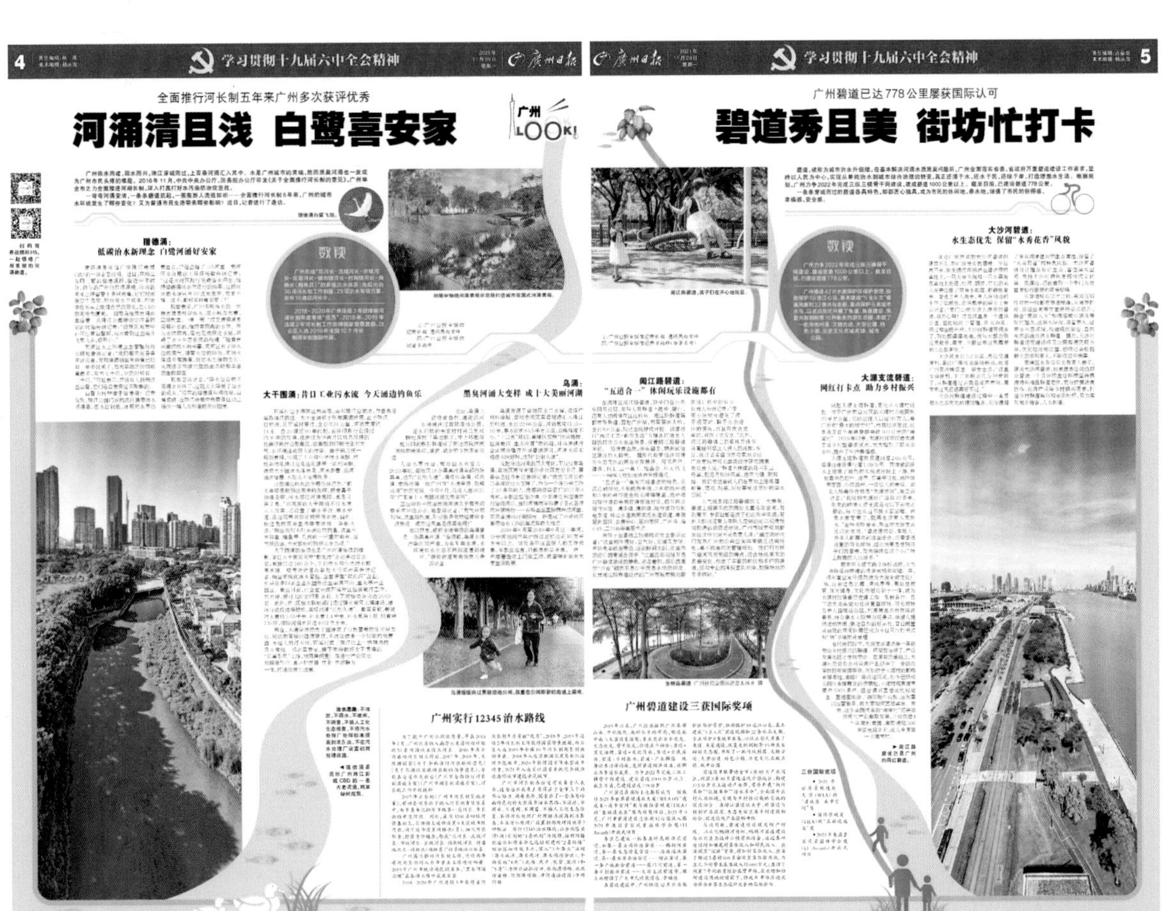
4
学习贯彻十九届六中全会精神
全面推行河长制五年来广州多次获评优秀
河涌清且浅 白鹭喜安家
广州LOOK!
5
学习贯彻十九届六中全会精神
广州碧道已达778公里屡获国际认可
碧道秀且美 街坊忙打卡
广州实行12345治水路线
广州碧道建设三获国际奖项

《一滴水的旅程》

水墨风晕染河长制五年变化

作品呈现形式：

H5

作品简介：

全面推行河长制是以习近平同志为核心的党中央从人与自然和谐共生、加快推进生态文明建设的战略高度做出的重大决策部署。2016年11月28日，中共中央办公厅、国务院办公厅印发《关于全面推行河长制的意见》。2017年元旦，习近平总书记在新年贺词中发出“每条河流要有‘河长’了”的号令。

在全面推行河长制5周年之际，广州日报从碧道建设和河涌治理两方面入手，特别策划推出《一滴水的旅程》H5作品。深入一线探访，搜集一手素材，以小切口立体呈现广州举全市之力推进河湖长制，一弯弯河涌变清，一条条碧道筑起，全力打好打赢水污染防治攻坚战，不断进行增强人民群众获得感、幸福感的探索与实践。

《一滴水的旅程》H5作品着重从精美的水墨风格切入，采用横屏画卷的创意方式滚动播放，生动直观地展现广州推行河长制5年以来发生的喜人变化：河涌清且浅，白鹭喜安家；碧道秀且美，街坊忙打卡。作品立意高，设计精巧，画面水墨风优美雅致，交互触感流畅，充满魅力。（梁倩薇）

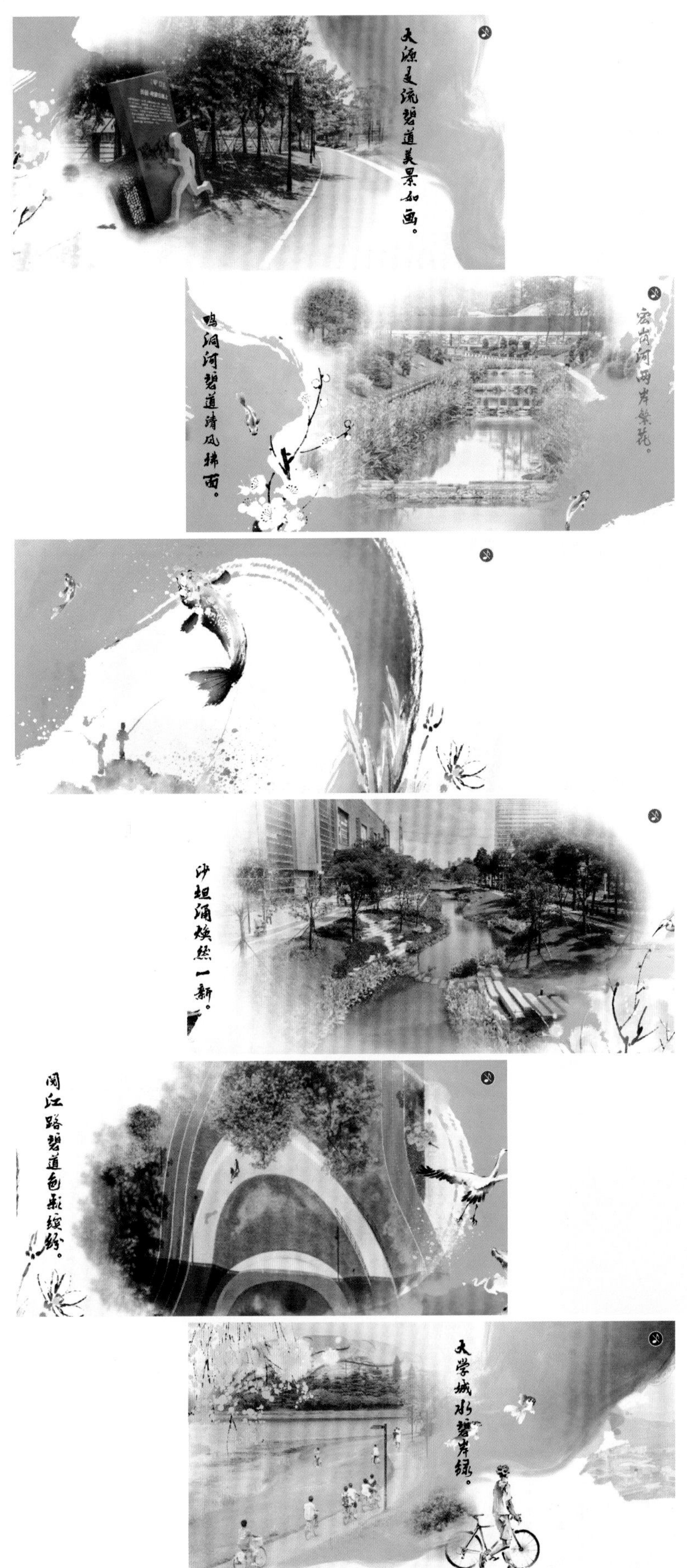
天源支流碧道美景如画。
鸣洞河碧道诗风拂面。
宏岗河两岸繁花。
沙坦涌焕然一新。
闽江路碧道色彩缤纷。
大学城水碧岸绿。

刊发时间
2021 年
11 月 30 日

广州日报 69 周年社庆预热报道

生日礼物提前就位

作品呈现形式：

SVG、海报

作品简介：

在广州日报 69 周年社庆来临之际，编辑团队提前一个多月对社庆新媒体作品进行构思并开启多轮头脑风暴，推出《刷屏了！广东人都懂》《期待！就在明天》等预热报道，创新性地通过拆生日礼盒 SVG、沉浸式答题 SVG、多张精美海报等形式全方位、多角度展现广州日报成长足迹。

其中，《期待！就在明天》以“简历”的编辑方式，将广州日报拟人化，通过“个人信息”“家庭情况”“成长记录”“获得荣誉”等不同部分向读者娓娓道来广州日报的历史，讲述广州日报近年来守正创新，做大做强主流舆论；爆款迭出，融媒报道出新出彩；新闻＋服务讲好广州故事，奋力打造具有强大影响力和竞争力的新型主流媒体的故事。

预热报道形式新颖，文风活泼风趣，互动性强，让读者粉丝在独特的互动体验中进一步了解广州日报并增强用户黏性，获得良好的传播效果。（朱雯芳）

明天是个
大日子
点击看看

我叫
廣州日報
今年69岁
我的简历！
更新啦！
请大家继续
多多关照
点击更多精彩

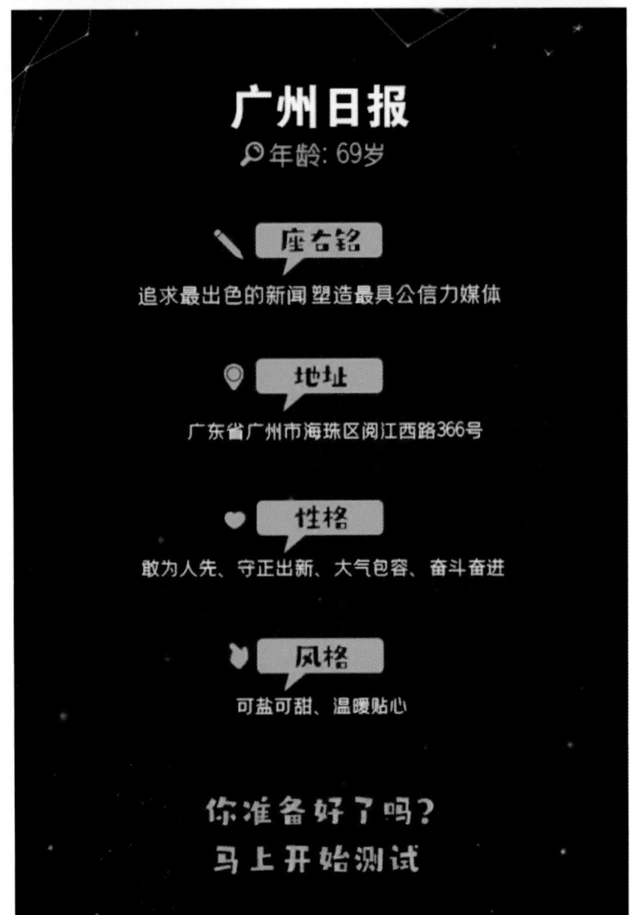
广州日报
年龄: 69岁
座右铭
追求最出色的新闻 塑造最具公信力媒体
地址
广东省广州市海珠区阅江西路366号
性格
敢为人先、守正出新、大气包容、奋斗奋进
风格
可盐可甜、温暖贴心
你准备好了吗?
马上开始测试

拾贰

12 月

刊发时间
2021 年
12 月 1 日

《广州日报》创刊 69 周年主题融媒体作品

少年照　少年感　少年心

作品呈现形式：

海报、H5

作品简介：

在 12 月 1 日广州日报 69 周年社庆当天，广州日报推出《我们正少年》特辑和《报人，一本青春的书》H5 等融媒体作品。特辑封面的少年照片墙整合了多张少年感满满的员工照片，生动直观地表达了特辑主题——我们正少年。封面的主旨美文基调昂扬进取，鼓舞人心。此外，作品还通过 16 名记者编辑讲述了广州日报数十年来在重大报道和推进媒体融合上，不断践行“四力”的经历感悟和成果。而《报人，一本青春的书》H5 以编辑记者老照片相册的形式，鼓舞广大新闻工作者不忘初心，积极践行“四力”，将青春汗水洒向新闻一线，用笔尖书写使命担当，用心用情讲述一个个身边故事，讲述精彩中国故事。

结合广州日报社旧址改造项目广报阡陌间园区亮相节点，编辑部还制作、推出《荣光正灿烂》H5 和巨幅海报，以“荣光正灿烂，报人少年心”为主题，以邀请广大报人回来见证历史和追寻记忆的活动形式，联动园区运营，为广州日报 69 周岁生日献上了一份别样的礼物。（何超）

广州日报忠实履行党媒担当 六十九载朝气蓬勃再出发

我们正少年

1952年12月1日《广州日报》创刊

1987年1月1日，由4版改为8版，成为全国首份对开8版地方报

1996年1月15日，广州日报报业集团成立，成为全国首家报业集团

1997年7月1日，开全国报业之先河，推出“97版香港回归特刊”

2014年12月1日，广州日报报业集团推出全国首个“中央厨房”

2019年10月22日，广州市区融媒中心客户端“新花城”上线

广州日报连续四年传播力居地方党报第一

广州日报品牌价值已突破582亿元

广州日报新媒体用户量目前超过1.5亿

《南山战疫日志》获得第31届中国新闻奖二等奖

“广州日报今天和广大读者见面了！”1952年12月1日《广州日报》创刊词上的郑重问候，是初啼雏凤的嘹亮清音，是意气少年的骄傲宣言。

六十九载栉风沐雨，更加激发少年心性，愈发坚定年轻志气。自诞生以来的六十九年间，广州日报忠实履行党报使命担当，与党和人民同呼吸、共命运、心连心，忠诚记录中华民族从站起来、富起来到强起来的伟大飞跃。今天的广州日报，始终牢记总书记的殷殷嘱托，坚持党媒姓党，以吾少年意气，以吾青春风骨，以汩汩不竭的赤诚，以生生不息的活力，在加快推进媒体深度融合发展的进程中朝气再出发，不断朝着具有强大传播力、引导力、影响力、公信力的新型主流传媒集团而奋勇前进！

过往的岁月，我们以少年之姿，缔造荣光。

在一代代广州日报人手里，无数领报业之先的创新足迹被时代铭刻；在一代代广州日报人手里，六十九载光荣始终郁郁葱葱。率先扩版、自办发行、成立全国首家报业集团……犹记得，97版香港回归祖国特刊全城热售，开启报业“厚报时代”；犹记得，非典时“百姓知情，天下太平”掷地有声，平息了盐米抢购的风波；犹记得，2008年“寻找可爱的大兵”的呼号传遍街头巷尾，在冰天雪地里燃起动人的温暖。少年无畏，奋楫争先。广州日报六十九载高光时刻，写就了一部勇立潮头、守正创新的奋斗史。

当下的征途，我们以少年之气，砥砺奋进。

在媒体融合发展步入深水区的当前，有战场，也有考场，有挑战，也有考验。广州日报一如少年模样，眼睛雪亮，内心澄明，全力以赴去赶考，胸怀豪情去迎战；广州日报人始终秉持志于道、勤于思、善于闻、精于干的少年本色，身负青云，剑指远方。在时代的交汇点，我们临江而立，伴随珠江潮涌，一曲曲媒体融合的乐章愈发激昂。“报｜网｜端｜微｜数据院｜智库”全媒体矩阵不断成长壮大，媒体融合传播力明显提升；广州市区融媒中心客户端“新花城”持续打通引导群众、服务群众的“最后一公里”；布局“一江四点”，建设文化新空间，积极探索“新闻+政务服务商务”运营模式……书写着红日初升的朝气，张扬着自我革新的勇气，秉持着矢志进取的锐气，在自己的路上，少年正昂首阔步。

未来的航程，我们以少年之志，笃行致远。

峥嵘六十九载再出发。我们深知，只有坚持正确舆论导向，坚持党性原则，坚持人民立场，未来的路才能走得坚实；我们深知，面对变革浪潮，坚持移动优先，坚持改革创新，一路薪火相传，一路接续奋斗，全方位提升传播力、引导力、影响力、公信力，媒体融合的巨舰才能行稳致远；我们深知，不留恋于过去的辉煌，才能继续谱写辉煌，不惧怕经历波澜，才能在大潮中掀起波澜。前路浩浩荡荡，万事尽可期待。面向未来，我还是那位少年，发扬踔厉，赤诚奋斗，用行动宣示：广州日报一定行，广州日报人一定能！

弄潮儿向涛头立，青年人于天地强。“少年”从来不是年龄的注脚，更是奋斗者的姿态。奋斗的报人永远年轻，奋斗的我们永如少年。

我们，正是少年时！

（何超）

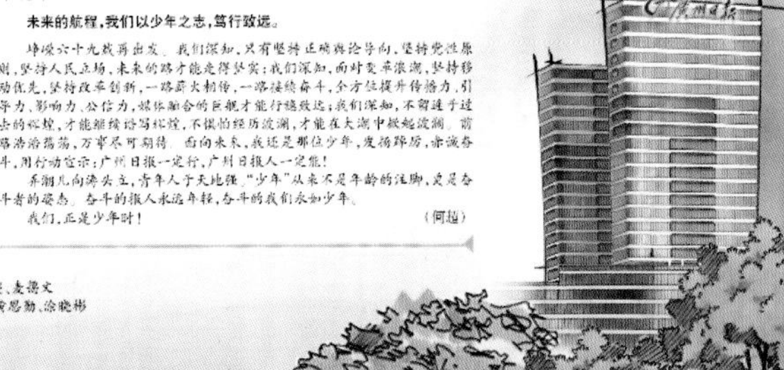

统筹：何超、麦诗文
设计：徐锦晃、黄思勤、涂晓彬

12 月

刊发时间
2021 年
12 月 2 日起

《学习贯彻十九届六中全会精神·每日一题》

日积月累让学习入脑入心

作品呈现形式：

视频

作品简介：

党的十九届六中全会审议通过了《中共中央关于党的百年奋斗重大成就和历史经验的决议》。决议 3.6 万多字，其中有许多重要论断、提法，内涵深刻。《学习贯彻十九届六中全会精神·每日一题》视频采用化整为零的方式，划出重点，如“一个根本问题”“两个确立”“马克思主义中国化的三次飞跃”“十条宝贵历史经验”等，并将重点内容设计成问答形式，进行视频化，每日推出一题，由此使用户产生持续性的学习惯性，日积月累，达到入脑入心的效果。（徐梅花）

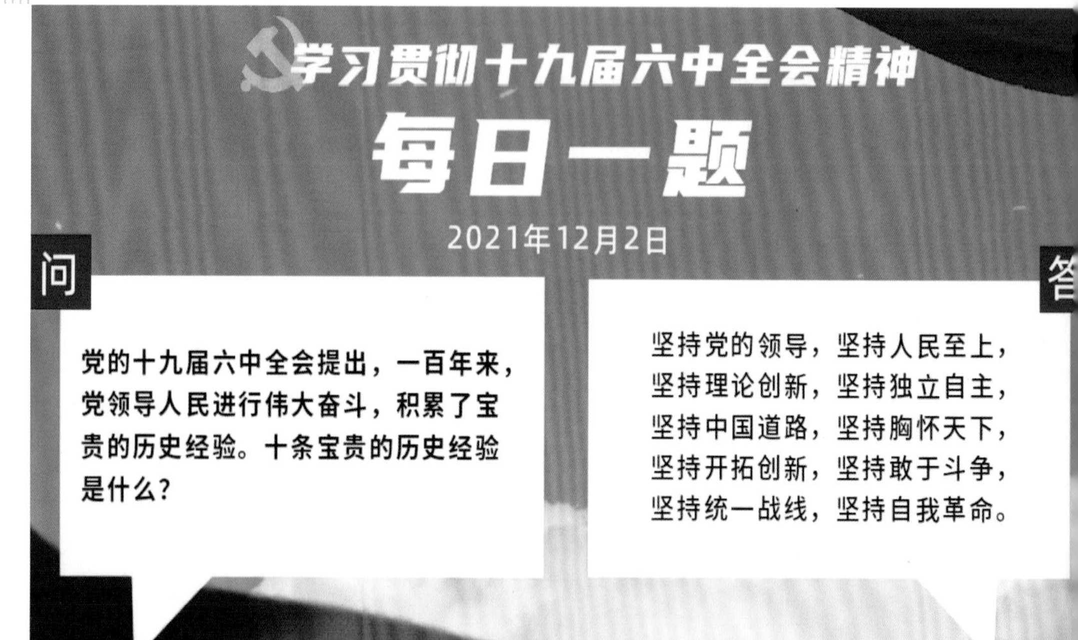

学习贯彻十九届六中全会精神

每日一题

2021年12月2日

问

党的十九届六中全会提出，一百年来，党领导人民进行伟大奋斗，积累了宝贵的历史经验。十条宝贵的历史经验是什么？

答

坚持党的领导，坚持人民至上，坚持理论创新，坚持独立自主，坚持中国道路，坚持胸怀天下，坚持开拓创新，坚持敢于斗争，坚持统一战线，坚持自我革命。

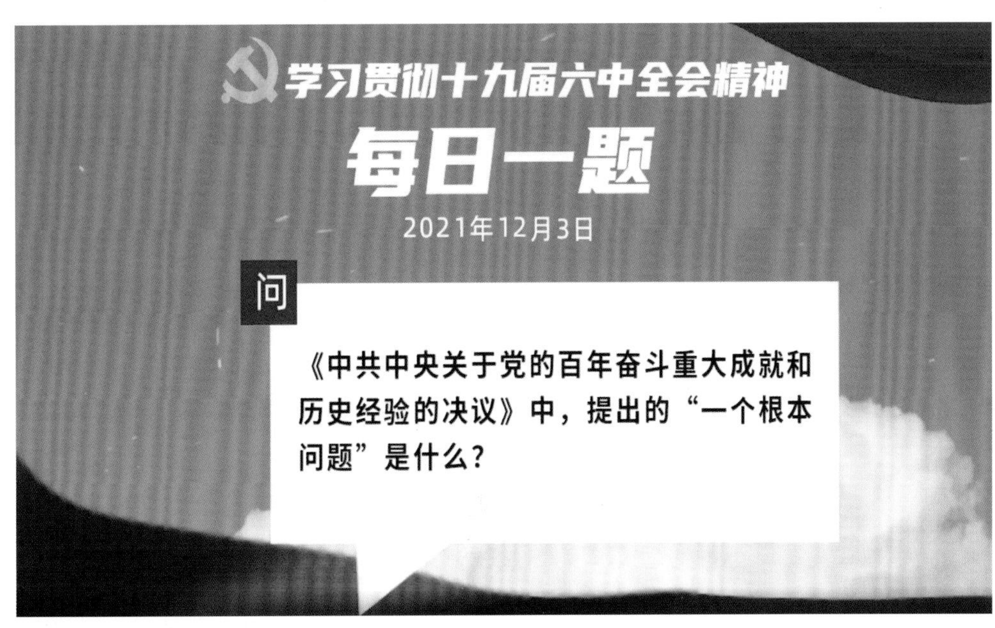
学习贯彻十九届六中全会精神
每日一题
2021年12月3日
问
《中共中央关于党的百年奋斗重大成就和历史经验的决议》中，提出的“一个根本问题”是什么？

学习贯彻十九届六中全会精神

每日一题

2021年12月3日

答

全党要牢记中国共产党是什么、要干什么这个根本问题，把握历史发展大势，坚定理想信念，牢记初心使命，始终谦虚谨慎、不骄不躁、艰苦奋斗，从伟大胜利中激发奋进力量，从弯路挫折中吸取历史教训，不为任何风险所惧，不为任何干扰所惑，决不在根本性问题上出现颠覆性错误，以咬定青山不放松的执着奋力实现既定目标，以行百里者半九十的清醒不懈推进中华民族伟大复兴。

刊发时间
2021年
12月5日

《当广州塔遇上中国空间站》

最浪漫的事，是与读者“追星”

作品呈现形式：

直播、海报

作品简介：

编辑紧跟空间站热点，通过查询专业软件了解空间站过境广州上空的准确时间，联动筹备直播事宜，并特邀近10位来自广州的天文摄影爱好者前来广报中心进行拍摄。此外，提前发布《来自宇宙的浪漫！中国空间站过境广州，时间是……》新媒体推文、预告海报，图文结合进行科普与预告，直播前便引起了广泛关注。

2021年12月5日傍晚，中国空间站过境广州，广州日报微博、微信公众号等各端口均进行了直播，记者、编辑与一众摄影爱好者来到广报中心北塔25楼进行全程直播、拍摄，捕捉空间站划过广州上空的精彩瞬间。该直播网络热度非常高，在微博等端口的互动性也非常好，众多网友纷纷留言。之后，在各端口发布汇编《爱好者广报中心“追星”，拍下空间站倩影》的稿件、空间站过境海报，并实时跟进发布图片、现场报道，弥补错失“追星”机会的网友的遗憾。

“广州塔上空能看到中国空间站啦”的直播话题吸睛、有噱头，微博观看量超过20万，话题阅读量近500万。

（麦蔼文）

当广州塔
遇上
中国空间站
广州日报带你直击宇宙级的浪漫
直播时间：
2021年12月5日 18：00

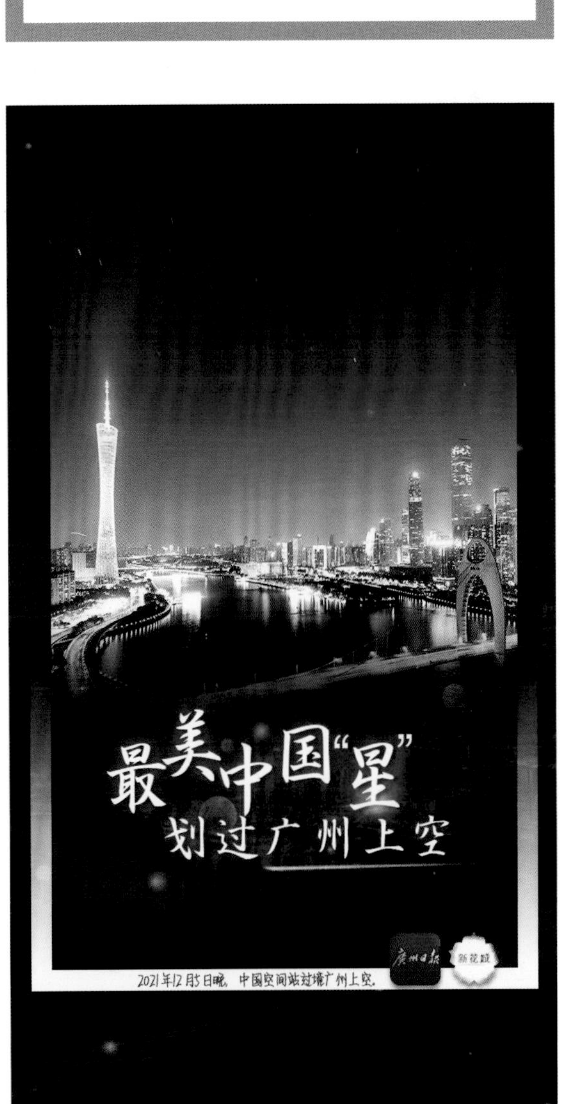
最美中国"星"
划过广州上空
2021年12月5日晚，中国空间站过境广州上空。

12 月

刊发时间
2021 年
12 月 24 日

《溯岭南文明起源　留历史名城记忆》

百年考古，呈现广州文化底蕴

作品呈现形式：

报纸版面

作品简介：

2021 年是中国现代考古学诞生 100 周年，12 月 23 日，“广州考古百件文物精品与十大重要发现”评选结果出炉，记者邀请广州文物考古界专家对十大发现与百大器物进行权威点评。当晚，编辑打破惯例突出处理，跨版呈现这一本地重大新闻题材，次日见报。

版面按照历史年代顺序，由先秦、西汉南越国、五代南汉依次递至宋、明和民国时期，将十大考古发现图片排列整合，巧妙嵌入考古地层剖面图的整体设计之中。地层剖面色由浅及深，历史年代也由近及远，时间与空间在这里融为一体。组图作为版面视觉中心，点缀以入选的代表文物图片，配以十大考古发现文字说明和专家文字权威解读，使广州百年考古的发展脉络和重要成绩，如一幅历史画卷徐徐展开。

跨版制作极具匠心，准确、别致、富有层次感的版面语言，很好地兼顾了考古领域的专业性和面向读者认知的科普性。从版面设计来看，整个版面内容图文并茂、色调沧桑厚重，考古地层剖面图的整体设计十分契合该新闻题材，既有时间维度的迭代感，也有空间维度的纵深感，整体透出清晰的历史脉络、地理纵深与文化底蕴。版面获得广东新闻奖三等奖、2021 年度城市党报新闻奖版面类一等奖。（嵇沈玲）

东汉·陶船

西汉南越国透雕龙凤纹重环玉佩

考古发现书写了中华文明起源和发展的历史脉络，描绘了中华文明的灿烂成就，展示了中华文明对世界文明的重大贡献。2021年是中国共产党成立100周年，也是中国现代考古学诞生100周年。广州市文物博物馆学会、广州市文物考古研究院、南越王博物院、广州博物馆于2021年10月-11月联合主办了"广州考古百件文物精品与十大重要发现"评选活动。昨日，评选结果出炉，广州百年考古的发展脉络，经由一件件文物、一处处遗址，如一幅历史画卷徐徐展开。

文/广州日报全媒体记者卜松竹
图/主办方供图

明·束发金冠、金耳坠

溯岭南文明起源 留历史名城记忆

这些考古遗址和文物 记录了广州地区五六千年的人类历史和广州城2200多年的发展轨迹

民国时期
中共三大会址建筑基址

明
增城明代莲花书院遗址
南海神庙明清码头遗址

宋
皇帝岗西村窑

五代南汉
北京路千年古道遗址
五代南汉德陵

西汉南越国
黄埔陂头岭遗址
南越国木构水闸遗址

先秦时期
天河飞鹅岭遗址群
增城金兰寺遗址

昨日下午，广州市文物博物馆学会、广州市文物考古研究院、南越王博物院、广州博物馆联合召开发布会，正式公布"广州考古百件文物精品与十大重要发现"评选结果。增城金兰寺遗址出土的新石器时代晚期彩陶钵等入选广州考古百件文物精品，增城金兰寺遗址等入选广州考古十大重要发现。

"广州是全国首批历史文化名城，历史悠久，文物资源丰富。早在1916年，广州就已开展考古活动。1953年起，配合城市建设工程，广州揭开大规模田野考古工作序幕，被誉为全国城市考古的'重要据点'。"广州市文广旅局副局长、广州市文物局局长刘晓明说，新中国成立以来，几代考古工作者通过艰苦卓绝的努力，抢救和保护了大量古遗址古墓葬，出土了大量文物。这些考古遗址和文物，记录了广州地区五六千年的人类历史和广州城2200多年的发展轨迹，见证了广州自建城以来持续不断的对外交往史，为我们展现了丰富而生动的"广州故事"。

刘晓明说："广州的许多重要考古发现引起国内外学者广泛关注。不久前，南越国宫署遗址和南越王墓被评为中国'百年百大考古发现'，充分表明广州考古的影响力。"此次评选出的百件文物精品和十大重要发现，比较全面地反映了广州地区的人类历史和广州城市发展历史，以及岭南地区文明起源与发展历史脉络。

记者了解到，本次评选活动包括了公众线上投票与专家终评两个环节。"考古是通往历史深处的指南针，连接着人类的过去、现在和未来。考古研究和阐释、考古成果的传播利用工作既需要考古专业人员长年'风餐露宿、青灯黄卷'，也离不开社会各界的关注、支持和参与。"刘晓明说，"这次评选活动的公众网络投票环节热度很高，许多市民朋友积极参与，选出自己的'心水'文物，深入了解了广州考古的发展历程与喜人成果，增强了对广州这座历史文化名城的认识。"

记者看到，入选广州考古百件文物精品的文物时代涵盖新石器时代晚期至清代，文物种类丰富多样，具有较高的历史、艺术、科学、文化和社会价值。广州考古十大重要发现的时代涵盖新石器时代晚期至近现代，类型丰富，有墓葬、建筑基址、水闸、古道、窑址、书院、码头等。

在现场，广州市文物考古研究院院长易西兵表示，下一步，广州文物部门还将举办广州考古重要发现及文物精品系列专题讲座等活动，相关活化工作也在陆续推进中。目前，"百件文物"中的多件正在北京国家博物馆的"海宇攸同"大展中展出，向全国的观众展现广州文化、岭南文化的魅力。

刘晓明表示，百件文物精品、十大重要发现的相关信息已在网上公布，方便大家在"云端"查看。另外，当中大多数文物都在南汉二陵博物馆、南越王博物院、广州博物馆等几家博物馆中展出，大家也可先到现场一睹它们的风采。

据主办方介绍，包括百件文物精品与十大重要发现在内的广州考古成果，承载了广州五六千年的人类社会历史和2200余年的城市记忆，充分反映了岭南地区文明起源、岭南文化形成发展过程，体现了古代广州与周边地区交往互动，以及通过海上丝绸之路与世界其他文明交流借鉴的显著成就，见证了广州近70年城市考古和文物保护的历程。通过这些考古成果，广州古代历史得以重构，先民的生活图景变得鲜活、生动。

考古材料既有深度也有亲和力

带我们回到广州曾经的日常生活

在昨日的媒体发布现场，广州市文物博物馆学会会长全洪对最终评选出来的100件器物进行了点评。他介绍，1983年南越文王墓出土的西汉南越国时期透雕龙凤纹重环玉佩是网络投票和专家评选的"票王"，这件文物也是目前南越王博物院院徽的原型。

此次评选，广州出土文物堪称精品尽出。有些文物知名度颇高，如南越文王墓出土的"文帝行玺"金印、组玉佩、玉角杯等。也有一些大家不太熟悉的文物，如1986年东山农林上路出土的陶鼓。"铜鼓我们见得很多，但陶鼓非常少，我们出土了3件。"全洪说。如现藏广州博物馆的东汉陶楼，是1957年在东山象栏岗出土的，在这几十年来发现的同类器物中也在最精美的之列。还有的文物现在收藏在中国国家博物馆，如1954年在沙河顶出土的东汉陶船。

值得一提的是，南汉康陵中出土的玻璃瓶，是当时发现的众多散碎玻璃中唯一一件能复原完整的。南汉时期的波斯蓝釉陶瓶，类似器物在江浙等地出土较多，但近年广州的发现有后来居上之势。它们和南越王墓中出土的"波斯风"银盒、2001年恒福路出土的西汉珠饰、1964年东山寺贝底出土的明代威尼斯银币等一道，令我们对古代中国的对外交往有了更深入的认识。

很多文物带有"标尺性"意义。如1953年在广州西村石头岗的一座古墓中发现的椭圆长方形漆盒，中部刻着"蕃禺"二字，是"蕃禺"地名见于考古实物最早的一例。又如新石器时代的晕彩灰陶罐不仅是广州本就很少出土的彩陶中的精品，更是迄今为止广东境内出土最完整、图案保存最好也最复杂的一件晕染陶器。还有增城墨依山考古现场出土的商代玉牙璋，是珠江三角洲地区首次在年代明确的墓葬遗迹中清理出土的玉牙璋。

通过这次评选，我们看到，考古材料既有深度，也有亲和力。它们是不同时期社会生活的直观反映，是带着广州城市发展温度的第一手记录。众多的陶屋、陶院落、陶牛车、陶舞俑，还有如1956年海珠大元岗出土的东汉陶灶上能看到的那些粗犷、写意的人物，一下子把我们拉回到了差不多20个世纪以前的广州日常生活中。如易西兵所说："趴在灶门口奋力烧火的人儿，总让我想起小时候在家做饭怎么也点不着火，被母亲训斥的模样。隔着屏都能想象出小人儿满脸灶灰的模样。又比如那些托灯俑，都是托灯，有的呆萌，有的欢快，有的傲娇，有的看不出喜怒哀乐。"

他也曾这样想象："晚唐时代的某一天，一位陶瓷器经销商从外地采购了一批日用陶器和釉陶器（泡菜坛子、汲水罐子、装酒瓶子、盛饭小碗和擂臼等）经水路到达广州，在南门外上岸后等来承销商验货，发现部分器物残损，双方经过艰难或愉快的协商，决定将残损器物挑拣出来就地掩埋。1000多年后，考古人员让它们重现天日，还留下了诸多疑问：它们从哪里来？要到哪里去？当时的销售行情如何？当年的'老广'也煲泡菜吗？"

的确，今天我们所知的历史，就是古人的生活；而我们今天的生活，也必将给后人以历史感。

从金兰寺到三大会址

以考古探究广州从何而来

"广州考古十大重要发现"中，年代最早的是增城金兰寺遗址，1958年至1961年进行了三次发掘，发现距今约6000年的彩陶文化遗存及三个时期文化层；2020年11月至2021年5月在遗址北部发掘，发现500多平方米的贝丘堆积，清理新石器时代晚期至战国时期墓葬46座（出土古人类遗骸43具）。它是广州目前考古发现年代最早的史前贝丘遗址。

位于天河区的华南植物园里，有个"广州第一村"，也就是飞鹅岭遗址。1956年暑假期间，中山大学地理系同学到飞鹅岭地区进行测量实习，在地面采集到有肩石斧11件。当年8月26日，中大历史系的师生和市文管会到现场进行了第一次地面调查，发现有肩石斧、有肩石锛、石矛、石凿等石器，以及方格纹、曲纹、雷纹等印文陶片300多片。第二年初，在多个山岗发现新石器时代晚期和青铜时代的文化遗存。该遗址是广州地区第一次考古发掘先秦时期的文化遗存，故有"第一村"之名。全洪说，随着金兰寺等遗址的发现，飞鹅岭已经不是"第一村"了，但无碍它在广州考古史上的重要地位。

"在广州地区做考古发掘这么多年，一直困惑没有发现大型的战国中晚期到西汉早期的墓地或聚落，城址就更不用说了。但2020年10月开始第二次发掘的黄埔陂头岭墓地在一定程度上给我们提供了这方面的线索。"此前，广州市文物考古研究院副院长张强禄在接受广州日报全媒体记者采访时如是说。作为"广州考古十大重要发现"中的最新发现，这处位于黄埔区龙湖街黄田村西北的遗址在2016年-2017年、2020年-2021年进行了两次发掘，发现的战国中晚期至西汉初期墓群是目前岭南地区发现的数量最多、规模最大、封土保存最完整的高等级越人墓地。张强禄说，陂头岭遗址揭示黄埔区九佛到萝岗这一带在战国中晚期的社会发展、人员聚集已经达到相当规模，为后来南海郡治任嚣城选在云山珠水间的广州城区提供了历史积淀。

"广州考古十大重要发现"中的西汉南越国遗迹大概是最为广州市民所熟知的。西汉南越文王墓是迄今岭南地区发现的规模最大、保存最完整、随葬器物最丰富的汉代彩画石室墓。西汉南越国宫署遗址中由石构水池和曲流石渠组成的御苑是我国目前考古发现年代最早的宫苑实例。此外，遗址范围自下至上层层叠压自秦至民国12个历史时期文化层堆积，厚达5-6米，记录了广州两千多年的发展轨迹。

历史上广东的陶瓷生产窑口由北至南，由西至东，遍布全省。其中有一些享誉世界，却少为国人所知，比如广州的西村窑。西村窑在发掘的时候位于广州市西村增埗河东岸岗地上，当时窑址区早已辟为耕田，地面仅遗留有由窑具和瓷片堆积而成的7米高的小山包，土称"皇帝岗"。在皇帝岗西北约100米处还有3座小型的堆积，清理出不少北宋遗物。1956年，因为要修西村工人体育场，当时的广州市文物管理委员会工作人员对西村窑进行了抢救性发掘，才有了今天对西村窑的深入认识。

"广州考古十大重要发现"中，"中共三大会址建筑基址"是唯一的现代时期遗迹。易西兵表示，曾经大家不太重视通过考古手段来研究近现代文物、遗迹，但从近年的实践来看，考古在这方面可以起到显著作用，提供许多科学而重要的信息。除了中共三大会址之外，黄埔军校旧址的复原、海珠区"二居"旧居的复原等项目也得到了考古上的支持，充分说明了城市考古在当下城市发展中的现实意义。

广州考古十大重要发现

（按年代顺序排列）

扫码查看完整名单

1. 增城金兰寺遗址——先秦时期

位于增城区金兰寺村，是广州目前考古发现年代最早的史前贝丘遗址。

2. 天河飞鹅岭遗址群——先秦时期

位于天河区华南植物园，是广州地区第一次考古发掘先秦时期的文化遗存。

3. 黄埔陂头岭遗址——先秦时期至汉代

位于黄埔区龙湖街黄田村西北。2016年~2017年第一次发掘，2020年~2021年第二次发掘，遗址对珠三角乃至岭南地区新石器时代晚期到南越国时期的历史文化研究具有重大价值。

4. 西汉南越国遗迹（南越文王墓、南越国宫署遗址、南越国木构水闸遗址）——西汉南越国

西汉南越文王墓为西汉南越国第二代王文王赵眜的陵墓，是迄今岭南地区发现的规模最大、保存最完整、随葬器物最丰富的汉代彩画石室墓。

西汉南越国宫署遗址由石构水池和曲流石渠组成的御苑是我国目前考古发现年代最早的宫苑实例。

西汉南越国木构水闸遗址位于西湖路与惠福东路之间，这是目前世界上考古发现年代最早、规模最大、保存最完整的木构水闸遗存，为研究汉代番禺城的位置、布局及防洪设施等提供了重要线索。

5. 北京路千年古道遗址——唐至民国

位于越秀区北京路。该遗址的发现确证北京路是广州古城的传统中轴线，为广州古城研究提供了重要的地理坐标和历史地理线索。

6. 五代南汉德陵、康陵——五代南汉

位于番禺区小谷围岛（广州大学城）北亭村。南汉二陵是五代南汉国的标志性史迹，其中康陵是目前已知五代十国的陵墓中首次发现的陵园建筑，康陵哀册文是目前年代最早的哀册文碑石。

7. 皇帝岗西村窑——宋

位于荔湾区增埗河东岸皇帝岗。它的发现为海上丝绸之路研究提供了十分重要的考古资料。

8. 增城明代莲花书院遗址——明

位于增城区南香山东南麓。这是湛若水创办的40余所书院中目前唯一经过考古发掘且保存完整的重要遗址，也是岭南地区保存最好的明代书院遗址。

9. 南海神庙明清码头遗址——明

位于黄埔区庙头村，为研究南海神庙的历史沿革、珠江岸线变迁以及广州海上丝绸之路史提供了重要考古材料。

10. 中共三大会址建筑基址——民国

位于越秀区恤孤院路3号。2006年发掘，探明了中共三大会址建筑基址的位置和平面布局，为中共三大会址的保护展示提供了科学依据。

西汉南越国"蕃禺"铭文铜鼎

12 月

刊发时间
2021 年
12 月 25 日、28 日

《这里的活力密码，你找到了吗？》

在 3D 场景中一窥广州五年成就

作品呈现形式：

H5、视频、长图、海报

作品简介：

2021 年 12 月，广州市第十二次党代会召开，回顾过去 5 年发展成就是必做的选题，但范围广、数据多，从哪里切入，如何让数据动起来，怎样才能接地气？互动 H5《广州活力密码》，以一列高速行驶的汽车为视觉主线，带领用户穿行在 3D 城市场景中，一串串跳动的数字表明广州城市更净了、交通更顺了、选择更多了……广州正在迸发出新的活力，由此自然带出活力源泉在哪里的疑问，吸引用户寻找活力源泉的密码钥匙，引出经济、科技、消费、民生等方面的主要数据指标。

H5 还增加用户触动密码钥匙的互动，让人更有参与感。总体来说，该作品因为增加了制作精良的 3D 场景效果，比一般的图解更有立体感，同时，在数字动起来的时候不显枯燥。

除此之外，条漫作品《办公室挑战：快问快答广州新变化》则撇开数字说成就说变化，以广州日报二次元小编新形象“咩仔”“大只广”“棉棉”为载体，采用在年轻人中间流行的“办公室挑战”游戏，将与市民密切相关的地铁、垃圾分类、电商直播等设计成问答，在抢答中完成广州新变化的一次完美呈现，生动有趣，容易吸引年轻人，利于传播。（徐梅花）

地铁里程运营里程突破
600公里
2020年
机场旅客
吞吐量跃居全球第1
交通
铁路旅客发送量8696万人次
跃居全国第1
2020年港口货物、集装箱
吞吐量稳居
全球第4、第5

Part 6
我表弟读四年级，最近每到周末，他就去爬山徒步，不再上课，得益于……
“双减”！
好羡慕现在的小朋友，
以前我们寒暑假各种补习班，
现在他们各种锻炼，
真好！
1 2 3
加一分
关键词：
“双减”试点

12 月

刊发时间
2021 年
12 月 25 日起

《大“实”话——老百姓说小变化》

实话实说讲述身边暖心事 实事实办尽显城市大变化

作品呈现形式：

报纸版面、短视频

作品简介：

2021 年 12 月 24 日，党史学习教育总结会议在京召开。习近平总书记指出，在全党开展党史学习教育，是党中央立足百年党史新起点、着眼开创事业发展新局面做出的一项重大战略决策。要认真总结这次党史学习教育的成功经验，建立常态化、长效化制度机制，不断巩固拓展党史学习教育成果。广州日报紧扣节点、迅速反应，于次日推出《大“实”话——老百姓说小变化》全媒体系列报道，派出多路记者深入社区一线采访街坊市民，听他们讲述这一年来发生在自己身上的开心事、暖心事，从一句句大实话中真切感受广州人的小温暖和广州城的大变化。

实事实不实，群众说了算。《大“实”话——老百姓说小变化》报道一改“我为群众办实事”总结报道从“办事者”机关单位的角度推出成就总结的惯常做法，把镜头对准了办实事的对象，也就是老百姓。听他们实话实说，说说办实事到底实不实，成色到底足不足。在讲述小故事的同时，报道还以小见大、以点带面，除提炼受益者原汁原味的大实话外，还配合推出相关部门在相关领域出台的实招实措、披露的成效数据，全方面呈现广州牢记总书记殷殷嘱托，让“我为群众办实事”实践活动真正成为人民群众得实惠的“民心工程”。

除了将一件件暖心事呈现在报纸上，广州日报还推出短视频《大“实”话——听老百姓说“我为群众办实事”》。通过系列报道中受访群众的一句句大实话、真心话、暖心话带出广州在“我为群众办实事”实践活动的真实事。然后通过一条条数据——“广州 70 多万党员为群众办实事 15.13 万件”“广泛征集‘双微’项目 6.88 万个并全部完成”……有大有小、有故事有数据、软硬结合、真实可信、生动而立体地折射广州“我为群众办实事”的成果亮色，将党史学习教育宣传报道进一步推向深入。（王晨阳）

广州日报 奋斗百年路 启航新征程 3

防滑改造终结了我的"厕所恐惧症"

娃上了广州学校 一家人再不分开

为来穗人员随迁子女提供积分制入学学位

广州日报 奋斗百年路 启航新征程 7

家政服务做三年 广州户口拿到手

自从搬进公租房 爱情事业都有了

"五心计划"发展壮大"南粤家政"

12 月

刊发时间
2021 年
12 月 27 日
至 30 日

广州市第十二次党代会“牢记嘱托　感恩奋进”特别报道

书写广州出新出彩新答卷

作品呈现形式：

报纸版面

作品简介：

12 月底，广州市第十二次党代会召开期间，广州日报开设“牢记嘱托　感恩奋进·市第十二次党代会特别报道”专栏，大会召开期间刊出 21 个整版报道。结合同步推出的广州各区局委办成绩报道近 20 个整版，场内场外同频共振，在全市上下掀起热潮。

特别报道坚持高站位，铭记总书记对广州这座老城市的殷切期望，展现广州人民对总书记的真情实感，特别将“牢记嘱托　感恩奋进”作为报道主题，并将之显眼地放在版面报眉上，贯穿报道始终。坚持高格局，聚焦市委市政府中心工作设置篇目，分门别类全面讲述广州经济社会发展各领域的探索和成就，生动展现广州牢牢铭记总书记的关心关爱，推动经济社会发展取得的新进展新成效。

特别报道聚焦实体经济、教育、科技创新、党建引领、大湾区建设、城市建设、国际消费中心城市，以及数字化、绿色化、国际化等核心议题，整合了报告新表述、党代表声音、一线走访、行业数据、专家连线、党代表日记等内容板块，分别进行整版包装、一体化设计。大会程序性报道权威准确，自选报道出新出彩，内容上做到有理有据有场景有观点，形式上做到图文并茂喜庆热烈，实现了预期的宣传报道效果，营造了氛围，盘点了成绩，鼓舞了干劲。（石善伟）

推动科研资源大市向科技创新强市迈进

抓创新就是抓发展，谋创新就是谋未来。广州的未来，用创新书写。在中国共产党广州市第十二次代表大会开幕日，"推动科研资源大市向科技创新强市迈进""建设人才友好型城市""支持行业领军企业牵头组建创新联合体"　　报告多处"新提法"，让科技创新成为党代表们讨论的热点词。

报告在广州未来五年重点工作中，首提"坚持创新第一动力，推进高水平科技自立自强"。这既体现了广州对科技创新一以贯之的重视，也意味着广州将在科技自立自强道路上跑出"加速度"。

文/广州日报全媒体记者方晴、龙敏

广州大学城·中关村青创汇　广州日报全媒体记者李波 摄

现场

从"大"到"强"的机制改革破局

党代表、广东粤港澳大湾区国家纳米科技创新研究院副院长 李红浪

不少党代表注意到，报告首提"推动科研资源大市向科技创新强市迈进"。从"大市"到"强市"，广州如何破局？建好用好大科学装置、探索高水平研究院机制、改革科研体制机制、强化科研对产业的引领作用　　在会上发言和会后采访中，党代表们结合自身工作，贡献了不少"点子"。

"广州是科研资源大市。去年，广州市基础研究经费占全市R&D经费的比重接近发达国家水平。但是广州确实还不是科技创新强市，其中一个表现是国家级科研机构还不够多，能推动科技成果产业化的研究机构还不足。"党代表、广东粤港澳大湾区国家纳米科技创新研究院副院长李红浪分析，这一现象可追溯到广州千年商都的历史。长期以来，民营经济发达，贸易和制造业兴盛，一定程度上让科学和技术研究有所欠缺。

"但面对新的国际局势，如果还是沿用传统经济发展模式，不做新旧动能转换，广州产品利润乃至城市竞争力会下降。因此，建设科研机构和引进人才是'补短板'相当重要的一环。当然，做好与市场需求结合的研究，才能真正为城市带来优势，我们应着眼长远，不是2年、5年，而要着未来10年自主确定研究课题、自主安排经费使用　　"李红浪所在的广东粤港澳大湾区国家纳米科技创新研究院是创新研究院，不同于多数研究院面向国家重大需求，创新研究院面向的是国民经济主战场。

报告提出"支持高水平创新研究院建设"，让他倍感振奋。"目前，创新研究院的性质、定位尚未有国家级的规定。我们是研究机构、民非机构、事业单位还是企业？这让我们在科技成果转移转化、海关入关的关税减免等方面碰到困难，但没有先例，恰恰也是机遇。广州可以先行先试，创设创新研究院的机制范例。"

大科学装置将"点燃"产业引擎

党代表、广东粤港澳大湾区黄埔材料研究院副院长 王杰

做强创新，当有重器。在广州市黄埔区永龙大道东侧，两个巨型"轮胎"一立一卧，"依偎"于山间。这就是被写入报告的"航空轮胎大科学中心"，全国首个航空轮胎动力学大科学装置，也是国内唯一的航空轮胎动力学综合试验平台。党代表、广东粤港澳大湾区黄埔材料研究院副院长王杰透露，中心将争取在明年6月投入使用。

如何用好这一装置？王杰描画了一条从大科学装置到万亿轮胎制造产业的路线图。"如果航空轮胎大科学中心掌握了航空轮胎技术制高点，就能够将这些技术外溢到普通轮胎制备中。我们可以充分利用大科学装置催生新材料及高端轮胎硬核技术，辐射上游供应链、中游制造链、下游应用链，形成产业闭环，加速黄埔万亿轮胎产业集群的成型。"

项目进展如何？她介绍，中心聚集了19家单位，由500多名科研人员组成"国家队"，重点解决航空轮胎关键技术问题。"黄埔材料院更是全力以赴加紧推进航空轮胎动力学大装置的建设。该装置建成后将填补国内航空轮胎动力学试验平台的空白，为我国取得独立的航空轮胎适航标准奠定基础，助力广州在抢夺全球航空轮胎技术制高点的道路上实现弯道超车！"

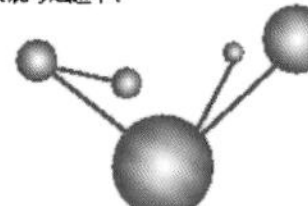

领军企业牵头组建创新联合体

党代表、中船黄埔文冲船舶有限公司董事长兼总经理 向辉明

"推动科研资源大市向科技创新强市迈进，产业领军企业要发挥好作用。"党代表、中船黄埔文冲船舶有限公司董事长兼总经理向辉明直言，广州产业科技协同创新仍存在"你防着我，我防着你"的同行业竞争问题。

他认为，行业领军企业应有大格局、大担当，领衔全产业链规划和布局，同时对行业科研投入、产出、转化等方面进行协同统筹，以更高效率推动产业发展和广州经济发展。

同时，行业领军企业也应该有大视野，前瞻全球产业发展机遇，为广州发展找到差异化的"蓝海"。向辉明特别注意到报告中提到"发展现代海洋产业，建设全球海洋中心城市"。作为华南地区最大船舶企业的"掌舵手"，他建议广州应抓住现代海洋产业的发展机遇，大力搭建相关发展平台。

这也与报告中的广州建设"人才友好型城市"相关。向辉明认为，靠包容和人文环境来吸引人才不是长远之计，因为科技人才更看重如何发展事业，"要有产业，要有平台，要有让他们发挥才华的舞台。最终来说，要优化科技创新生态圈，让各种创新要素活力涌动。"

叫响"要创业来广州，要创新来广州"

党代表、市科协党组书记 徐柳

看到报告提出"办好中国创新创业成果交易会"，党代表、市科协党组书记徐柳备受鼓舞。她介绍，"创交会"自2015年落户广州以来已成功举办七届，展示创新创业成果近3万项，促成成果转化落地900多项，产生交易金额近600亿元，成为优化科技创新生态、推动科技经济融合的重要平台。

徐柳表示，未来五年，市科协将按照市党代会的部署，以"科创中国"创新枢纽城市建设为牵引，聚焦专业化、国际化、市场化，继续高质量高标准办好创交会，探索构建集约化展示、常态化对接、精准化服务、市场化运营的组织机制和平台载体，打通"科学发现、技术发明、产业发展、人才支持、生态优化"创新发展全链条，打造科技经济融合的"样板间"。

在服务构建战略性新兴产业体系方面，推动创交会围绕广州战略新兴产业发展需求，为数字经济核心产业和新一代信息技术、智能与新能源汽车、生物医药与健康产业三大新兴支柱产业，以及智能装备与机器人、轨道交通、新能源与节能环保、新材料与精细化工、数字创意五大新兴优势产业等导入更多科技成果。

同时，聚焦国际化，搭建"一带一路"科技交流平台。推动创交会积极加强与"一带一路"沿线国家及创新型国家的联系，依托驻穗领事馆以及科协组织联系的国际科技社团，探索建立高层次双向开放的国际化转移转化平台；积极引入更多国际科技社团、科技企业和科技资源，共同打造国际技术交易创新生态体系，促进创新要素跨境流动；积极发挥黄埔、南沙两个国家海外人才离岸创新创业基地作用，吸引更多海外人才创新创业项目落地转化。

"我们还要聚焦市场化，打通科技成果转化最后一公里。"推动创交会依托成果转化投融资联盟，构筑投融资与创新创业成果项目间的桥梁纽带，探索建立以科技金融为主体的企业创新支持体系；充分发挥广州国际技术交易服务中心作用，整理好"项目库""需求库"和"人才库"，推进创交会平台与中国科协"科创中国"平台的对接融合；大力扩展创交会常态化成果转化基地，进一步推动形成覆盖粤港澳大湾区、辐射全国的成果转化交易服务网络。

"抓创新就是抓发展，谋创新就是谋未来"。"我们将以打造'永不落幕的创交会'为目标，汇聚创新要素，打通创新链条，优化创新生态，以科技创新促进产业创新，壮大培育新动能，努力为共建粤港澳大湾区国际科技创新中心、书写科技自立自强的广州篇章贡献积极力量。"徐柳表示。

连线

华南理工大学船舶与海洋工程系副主任樊天慧：

期待青年人才在广州有广阔舞台

"高度重视青年工作，关心爱护青年人才，培育青年人才后备军。"报告中的这番话让我深受鼓舞和激励。在科研人才中，青年人才是最有创新激情和创新能力的群体。尤其是博士阶段以及独立科研生涯起步的后十年左右，是最有机会出成果的阶段，也是最需要获得支持的阶段。

作为广州市科协首批"青年科技人才托举项目"入选者，我感受到广州对青年科技人才支持与帮助。我不仅从项目中拿到了研究经费，还从中获得全流程、全体系的辅导。"青年科技人才托举项目"定期组织的专家座谈和学术交流，让我在多学科的交流和碰撞中产生了更多的学术灵感。在项目中，不同领域的青年科技人才也可以交流心得、彼此扶持，大家一起度过成长路上最困难的时期。

国家、省、市对青年人才日益重视，但是现实的科研生态大环境还有改善的空间，需要更多地建立有利于青年科学家成长与成才的政策导向与评价机制。比如有的青年人才虽能取得了突出成果，但职称晋升仍然受到任职时间的限制。如此一来，就导致难以组建团队，让科学设想落地实现。

经过多年来的"筑巢引凤"，广州目前已经有全链条的引才政策。未来广州一定能够继续深化人才发展体制机制改革，向用人主体授权，积极为人才松绑，完善人才评价体系，让更多好政策覆盖更多的青年人才。我非常期待，青年科技人才在广州有奔头，有广阔的舞台可以施展自己的才能。

广州市社会科学院科技创新研究所所长张赛飞：

"向科技创新强市迈进"是广州更高的自我要求

广州如何从"科研资源大市向科技创新强市迈进"？我认为，科研资源大市和科技创新强市两者的概念完全不同。科研资源大市强调的是科技资源的集聚。从创新链条来看，科技资源的集聚是基础、是条件。而科技创新是结果，但并不是必然结果。因此，向科技创新强市迈进是广州给自己提出的更高要求。

广州从科研资源大市向科技创新强市迈进，首先要推动产学研协同创新，探索整合跨学科、跨领域、跨部门的创新要素，培育和形成共性技术研发与转化功能型平台，让学界和产业界更好链接；同时通过沿途下蛋等方式，让科技成果能够快速及时转化。其次，要创造良好的创新生态，鼓励企业科技创新与广州产业发展战略和市场需求有机结合，在重点领域积极开展科技创新活动；扶持中小微企业积极开展研发新技术的创新活动，帮助企业革新生产技术和经营管理模式，推进企业做大做强。

近年来，随着广州实验室、粤港澳大湾区国家技术创新中心、人类细胞谱系、冷泉生态系统等重大科技创新平台的建设，广州的科研资源仍在加速集聚。未来广州需要在类脑智能、量子信息、基因技术、未来网络、深海空天开发、氢能与储能等前沿科技和产业变革领域开展战略性、前瞻性、颠覆性、交叉性研究，并加强前沿技术多路径探索，从而打造科技创新策源地。

责任编辑：稽沈玲　美术编辑：杨泳海

12月

刊发时间
2021年
12月31日

2021 年年终盘点新媒体报道

致敬凡人微光　点赞伟大时代

作品呈现形式：

短视频、SVG 海报

作品简介：

2021 年的热点事件很多，比如“七一勋章”颁授活动、中国航天的多次发射任务、东京奥运会等，这其中，又有很多人给我们留下深刻的印象和感动，让我们念念不忘。

守冬望春之际，广州日报推出《2021，这些牛人教会我们……》《突然不舍！谢谢你！》等新媒体作品和读者们一起回顾一年中的种种难忘瞬间。

2021 年恰逢牛年，短视频《2021，这些牛人教会我们……》聚焦各行各业的奋斗者。他们或是全国知名的牛人，或虽是岗位上的平凡人，但因其行动透出的“伟光”也堪称牛人，通过盘点对社会、对他人奉献的人来贯穿他们的感人、励志故事，归纳出感动 2021 年五大关键主题“初心不改　信仰永存”“梦想不灭　探索不止”“奋力拼搏　超越自我”“平凡伟力　事在人为”“一生逐梦　永不停歇”，围绕关键主题集纳大量视听素材，混剪出约 5 分钟的年终总结视频，让观众在回顾过去一年重大事件的同时，回味其中的温暖与澎湃，并从中获得力量，在新的一年努力不辍、逐光前行。

年终回顾策划《突然不舍！谢谢你！》作品通过主要事件混剪回顾 2021 年重大新闻，SVG 互动设计以电影放映机创意，将一年中感人至深的时刻用海报形式滚动放映，配合粤语老歌的背景音乐，用超合拍的旋律、歌词意境，带动阅读情绪。

（叶碧君）

2021
我们一起走过

2021
这些牛人教会我们…